歴史文化ライブラリー

322

# 地図から消えた島々

## 幻の日本領と南洋探検家たち

長谷川亮一



吉川弘文館

# 目　次

## 孤島をめぐる争い



## 中ノ鳥島の謎

# まぼろしの島々への招待――プロローグ

「中《なか》ノ鳥島」という島をご存知だろうか。

あらかじめお断りしておくが、沖《おき》ノ鳥島と混同しないでいただきたい。サンズイのつく方の沖ノ鳥島（北緯二〇度二五分三一秒・東経一三六度四分一一秒）は、現在の日本最南端の地とされている。もっとも、この島は平坦な珊瑚礁で、満潮時には二ヵ所の露岩を除いてほとんど水面下に沈んでしまう、というあやふやな代物《しろもの》ではあるのだが、少なくとも、実在していることについては疑問の余地はない。

いっぽう、サンズイのつかない方の中ノ鳥島は、一九〇八年（明治四一）八月、当時の大日本帝国によって公式に領有を宣言され、東京府小笠原島島庁（現在の東京都小笠原支庁にあたる）に編入されたことになっている島である。この領有宣言は、東京府在住の山田禎三郎《ていさぶろう》なる人物が、その前年にこの島を〝発見〟した、として届け出たことに基づいていた。ところが、それから三八年後の一九四六年（昭和二一）一一月、この島は存在しないものとして、海図（航海用の地図）から抹消されてしまったのである。

つまり、いったんは公式に日本の領土とされた島が、後から「なかった」ものとして地図から消されたことになる。

たしかに、戦前に発行された海図には、この島が記載されている。位置については文献によって多少のばらつきがあるが、削除直前の時点では、北緯三〇度五一分・東経一五四度一六分とされていた。アホウドリの繁殖地として有名な伊豆諸島の鳥島（北緯三〇度二九分・東経一四〇度一八分）から東に約一三四〇キロ、現在の日本最東端の島である南鳥島（北緯二四度一七分・東経一五三度五九分）からほぼ真北に約七三〇キロ、東京からは東南東に約一四五〇キロの北太平洋上である。もちろん、現在発行されている海図を見ても、そんな島は影も形もない。それどころか、この周囲七〇〇キロ以内には、島はおろか浅瀬すらひとつも存在しない。それもそのはずで、この一帯の海域は、水深五〇〇〇メートル以上に達する深海なのである。

もっとも、地図上に描かれ、広く存在するものと信じられていた島が、のちに実在しないことが判明した、という話は、じつはそれほど珍しいものではない。日本近海に話を限っても、グランパス島、ロス・ジャルディン諸島、アブレオジョス島、マラブリーゴス諸島、リカ・デ・プラタ島などといった、得体の知れない島々が数多く記録に残されている。

ところで、日本が近代国家への道を歩み出そうとする際に課題となったことのひとつに、日本の領域の確定があった。嘉永六年（一八五三）にペリーが来航した時点では、日本は、北東ではロシアとの間に、クリル（千島）列島・サハリン（樺太《カラフト》）という国境未確定地域を抱え、南東にはボニン（小笠原）群島という所属未定地が存在し、そして南西には琉球国という半独立政権が存在していた。そして、小笠原や琉球の周辺には、ボロジノ（大東）諸島やヴォルケイノ（火山）列島のような所属未定の無人島がいくつも存在していた。

北方の境界が日露和親条約（一八五五年）と樺太・千島交換条約（一八七五年）によりひとまず確定し、一八七六年（明治九）に小笠原群島が日本領となり、一八七九年（明治一二）に琉球国が解体されて沖縄県が設置されたのち、これらの無人島も相次いで日本領に編入されてゆく。一八八五年（明治一八）に北大東島・南大東島、一八九一年（明治二四）に北硫黄《いおうとう》島・硫黄島・南硫黄島、一八九五年（明治二八）に久場島《くばしま》・魚釣島《うおつりしま》（いわゆる尖閣《せんかく》諸島）、一八九八年（明治三一）に南鳥島、一九〇〇年（明治三三）に沖大東島、一九〇五年（明治三八）に竹島、一九三一年（昭和六）に沖ノ鳥島が、それぞれ編入されている。

この間に、日本は日清戦争（一八九四〜九五年）で清朝から台湾・澎湖《ほうこ》群島、日露戦争（一九〇四〜〇五年）でロシア帝国から南樺太をそれぞれ割譲されており、さらに一九一〇年には韓国（大韓帝国）を「併合」している。これらの領土獲得は条約によりなされたものであり、獲得領土は「外地」とされ、それまでの領土、すなわち「内地」とは法的に異なる扱いを受けた。いっぽう、小島嶼《とうしょ》の編入に際しては、各府県令などに基づいて既存の府県に編入する、という、より簡単な方法がとられていた。

こうした小島嶼の編入に際しては、民間人の経済活動が大きな役割を果たしていた。「南進」の夢に駆られた民間人の中には、アホウドリの捕獲やリン鉱石の採取などによる一獲千金を狙い、日本近海で適当な無人島を捜して開拓をしようとした者もいる。たとえば南鳥島の場合、水谷新六という人物がこの島の開拓を試み、自らの開拓権を確立するために日本政府に対して領有権の確定を要求したことが、領土編入のきっかけとなっている。

そして、こうした島嶼開拓の過程では、グランパス島や中ノ鳥島などのまぼろしの島々が、ささやかながらも興味深い役割を果たすことになった。本書では、こうした日本近海のまぼろしの島々について、その〝誕生〟から〝消滅〟までの経緯を追い、それを通して、近代日本の「南進」の一側面を見てゆくことにしたい。

中世の地図にしばしば見られる空想的な島々については、すでに数多くの優れた研究がある。しかし、近代の地図に見られる実在しない島々については、しばしば怪奇実話のたぐいとして興味本位的に取り上げられることはあるものの、本格的な研究はさほど多くない。本書では、アメリカの海洋学者ヘンリ・ストンメルの著書『失われた島々』（Stommel 1984）をしばしば参照させていただいた。また、近代日本における島嶼開拓の経緯については、平岡昭利氏による一連の研究に教えられるところが大きかった。

なお、文中の表現について若干のお断りをしておく。

一海里《かいり》（浬）は一八五二メートルである。英語では「マイル」（mile; M）というが、ヤード・ポンド法のマイル（哩。約一六〇九メートル）とは異なる単位である。一般に、海上において単に「マイル」といった場合は、海里の方を指す。

引用文については、読みやすいように適宜句読点やルビを施した。引用者註は［　］で示した。また、引用にあたってカタカナをひらがなに直したものは†、現代語訳したものは‡で示した。

日本国内の実在する島嶼のデータについては、特に断りのない限り、面積については国土地理院『平成二一年全国都道府県市区町村別面積調』、外周については『SHIMADAS［日本の島ガイド］』第二版（日本離島センター、二〇〇四年）に拠《よ》った。

引用した史料のうち、《公文類聚》《公文雑纂》等は国立公文書館、《外務省記録》は外務省外交史料館、《海軍省公文備考》は防衛省防衛研究所、《東京府文書》は東京都公文書館の所蔵である。このうち、二〇一〇年（平成二二）一〇月現在、国立公文書館デジタルアーカイブ（NAJ）［http://www.digital.archives.go.jp/］、アジア歴史資料センター（JACAR）［http://www.jacar.go.jp/］で公開されているか、オンライン目録に記載のあるものについてはレファレンスコード、それ以外については請求番号を記した。

# 疑存島とは何か

# 北太平洋のまぼろしの島々

試みに北太平洋の地図を拡《ひろ》げ、日本列島の南方海域をながめてみることにしよう。

## 北太平洋のすがた

日本列島の東南海上には、約一二〇〇キロにわたり、火山島の列がほぼ一直線に続いている。主な島の名前を北から順に挙げると、伊豆大島、三宅島、御蔵《みくら》島、八丈島、青ヶ島、ベヨネース列岩、須美寿《すみす》島、鳥島、孀婦岩《そうふがん》、西之島、北硫黄島、硫黄島、南硫黄島。このうち孀婦岩以北を伊豆諸島といい、北硫黄・硫黄・南硫黄の三島を火山（硫黄）列島という。この島々は、いずれも第四紀（約二五九万年前〜現在）に形成された新しい火山島で、現在も活発に活動を続けている。

西之島の東方には聟《むこ》島・父島・母島の三列島があり、まとめて小笠原群島と呼ばれる。

なお、小笠原群島はこの範囲のみを指すが、一般的には、これに西之島と火山列島を加えて小笠原諸島と呼ぶことも多い。本書では「小笠原群島」と「小笠原諸島」を区別して用いる。西之島や火山列島が新しい火山島なのに対し、小笠原群島は古第三紀（約六五五〇万〜二三〇〇万年前）に形成された古い火山島のなごりである。海図では、伊豆諸島と小笠原諸島をまとめて南方《なんぽう》諸島と呼ぶ。

海上だけを見ると、この島弧《とうこ》は南硫黄島でいったんとぎれるように見えるが、海底には海底火山の山脈が連綿と続いている。そしてその先には、パハロス島からサイパン島・テニアン島などを経てグアム島に至る、マリアナ諸島の島々が弓なりに続いている。

この伊豆—小笠原—マリアナ弧より西側、南西諸島・台湾・フィリピン諸島に至る海域を、フィリピン海という。フィリピン海は極めて島の少ない海で、わずかに大東諸島の三つの島々と、沖ノ鳥島があるだけにすぎない。

また、伊豆・小笠原諸島より東側の海域も、島の数は極めて少ない。北太平洋中央部には、ハワイ諸島の島々が、東南東から西北西に向かって延々約二四〇〇キロにわたり続いている。だが、日本列島および伊豆・小笠原諸島とハワイ諸島の間にあるのは、北回帰線以北では南鳥島ただひとつだけである。

これとは対照的に、マリアナ諸島以南、赤道に至るまでの海域には、おびただしい数の小さな島々が散在している。この島々はまとめてミクロネシアと呼ばれるが、これは、ギリシア語で「小さな島々」という意味である。ミクロネシアには、マリアナ・カロリン・マーシャル・ギルバートの四諸島と、ナウル島などいくつかの孤立島が含まれる。

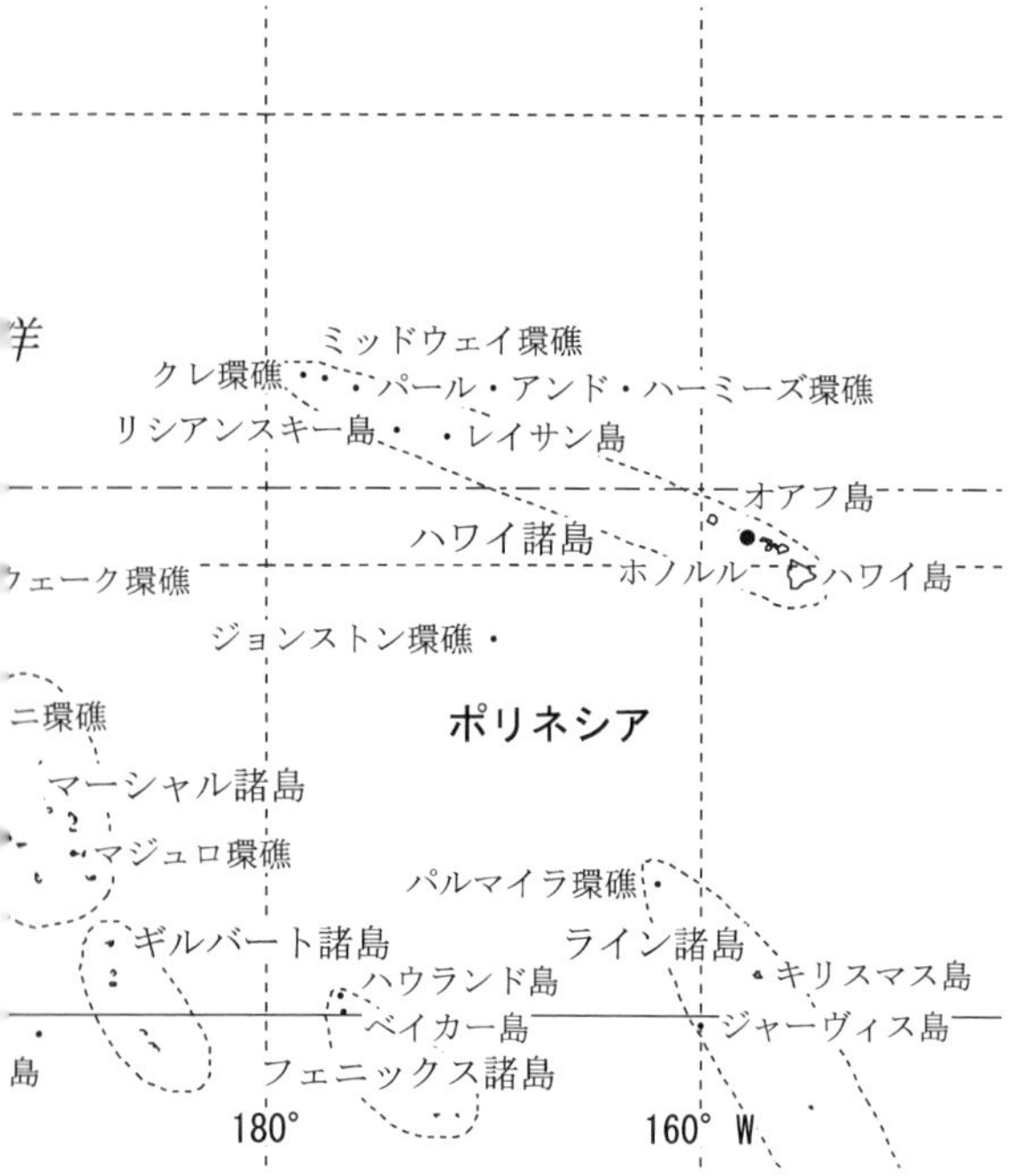

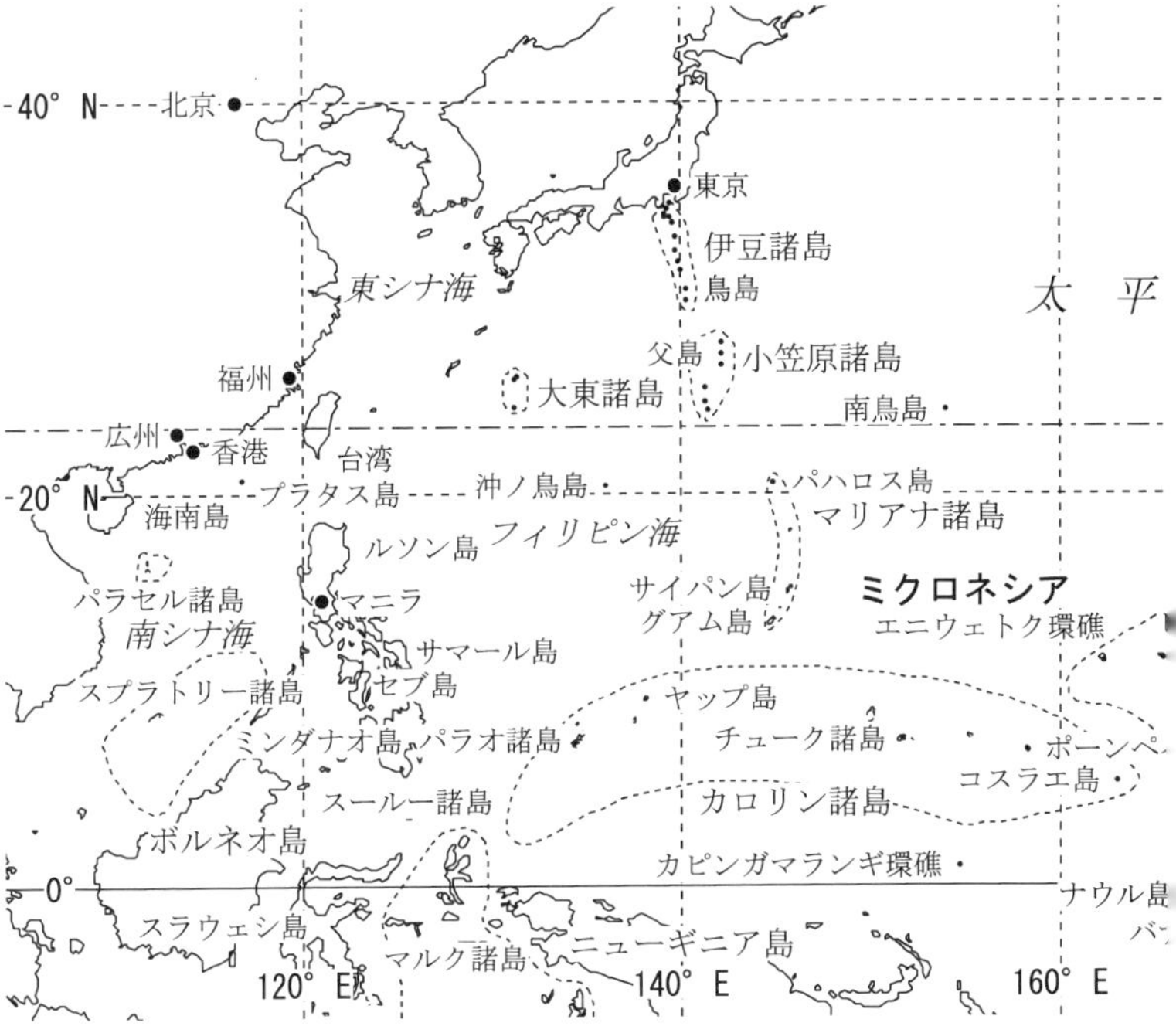
40° N
北京
東京
伊豆諸島
鳥島
太　平
東シナ海
父島
小笠原諸島
福州
大東諸島
南鳥島
広州
香港
台湾
沖ノ鳥島
パハロス島
20° N
プラタス島
海南島
マリアナ諸島
ルソン島
フィリピン海
サイパン島
ミクロネシア
パラセル諸島
マニラ
グアム島
エニウェトク環礁
南シナ海
サマール島
スプラトリー諸島
セブ島
ヤップ島
ミンダナオ島
パラオ諸島
チューク諸島
ポーンペ
コスラエ島
スールー諸島
カロリン諸島
ボルネオ島
カピンガマランギ環礁
0°
ナウル島
スラウェシ島
ニューギニア島
マルク諸島
120° E
140° E
160° E

図１　北太平洋の島々

島は、その成り立ちから、陸島と洋島の二種類に分けることができる。陸島とは、日本列島やタスマニア島などのように、大陸の一部が島として分離したものである。いっぽう洋島とは、大陸とは別個に、海底地殻の上に直接形成された島で、これはさらに火山島と珊瑚島とに分けることができる。

## 火山島と珊瑚島

火山島は海底火山の噴火により形成された島で、ふつう島の中央部に高い火山を持つ。これに対し、珊瑚島は造礁珊瑚により形成された島で、低く平らである。ミクロネシアでは、マリアナ諸島が火山島、マーシャル諸島とギルバート諸島が珊瑚島であり、カロリン諸島では両者が混在している。

珊瑚島は、次のような過程を経て形成されると考えられている。①海底火山の噴火により火山島が誕生する。②火山活動が停止し、島の周囲に珊瑚礁が発達しはじめる（裾《きょ》礁）。③中央の島が沈みはじめ、中央の島と珊瑚礁の間に礁湖《しょうこ》（ラグーン）と呼ばれる浅い海が生じる（堡《ほ》礁）。④中央の島が完全に海中に沈み込んでしまい、礁湖と、それを囲む円形の珊瑚礁（環礁）のみが残る。

ハワイ諸島ではこの過程を観察することができる。ハワイ諸島は、東側の八つの大きな島々と、西側の数多くの小さな島々（北西ハワイ諸島）からなり、最東端のハワイ島が最大で、西に行くほど島が小さくなる傾向がある。また、東側のマウイ島やオアフ島などが火山島なのに対し、西側のリシアンスキー島やミッドウェイ環礁などは環礁である。さらに、最西端のクレ環礁の西には、「ギュヨー」と呼ばれる山頂の平らな海山の列が続いている。

この島列は以下のようにして形成されたと考えられている。まず、ハワイ島の下には、「ホットスポット」と呼ばれるマグマの噴出口があり、この活動によって火山島が形成される。ところが、太平洋の海底（太平洋プレート）は西に向かって沈み込みつつ移動しているので、形成された火山島はやがてホットスポットから切り離され、火山活動が停止し、浸蝕と沈降によって次第に小さくなっていく。そして、その周囲に珊瑚礁が形成されて環礁となるが、それも最後には完全に水没してしまい、ギュヨーとなるのである。

なお、いったん環礁となった島が二次的に隆起することがあり、これは隆起珊瑚礁と呼ばれている。隆起珊瑚礁は低くて平らであり、周囲は断崖絶壁に囲まれ、中央部がへこんでいるのが特徴である。大東諸島や南鳥島などは典型的な隆起珊瑚礁である。

## 「南洋公会設立大意」

ところで、一九世紀末頃の北太平洋の地図を見てみると、北太平洋についての印象はかなり異なる。そこには、現在よりもはるかに多くの島々が記載されているのである。

一八八五年（明治一八）一二月、当時、警視庁書記局記録課長であった横尾東作（一八三九〜一九〇三）は、「南洋公会設立大意」という文章を起草し、翌年にこれを全国に配布した。これは、「南洋公会」という組織を設立し、「南洋」の島々のうち、領有権のすでに定まっている島については交易を、そして、まだ定まっていない島についてはその植民開拓を呼びかける、というものであった。彼は、当面の植民の対象とすべき島々を三つの区に分け、第一区としてフィリピン（当時スペイン領）南部の「パラワン島スールー島ミンダナオ島」、第二区として「カロリン群島マーシャル群島」および「西班牙《スペイン》領ラドロン群島」（マリアナ諸島の旧称）、第三区として「マゼラン群島アンソンズ群島」を挙げ、一区・二区・三区の順に植民を進めていくことを主張している。

第一区はムスリム（イスラーム教徒）が多い地域で、当時はまだスペインの支配に服属しておらず、事実上の独立を保っていた。この地域が完全に独立を失うのは、二〇世紀に入ってからである。

第二区はミクロネシアである。この島々はスペインが領有権を主張していたものの、実際にその支配が確立していたのはマリアナ諸島だけであった。ところが、一九世紀後半にドイツがこの島々に進出してスペイン側と衝突し、一八八五年一二月、カロリン諸島をスペイン領、マーシャル諸島をドイツ領とする協定が取り決められることになった。なお、横尾はマリアナ諸島についても、スペインから買収することを提案している。

## マゼラン諸島とアンソン諸島

それでは、第三区はどこか。横尾は次のように説明する。

小笠原諸島ノ東南ニマゼラン群島アンソンズ群島アリテ碁布星列《きふせいれつ》シ直《ただ》チニ布哇《ハワイ》群島ニ毘連《ひれん》ス此《この》群島ノ現ニ布哇《ハワイ》政府ニ属スル者ハ僅々《きんきん》十三島アルノミ其《その》餘ハ尽《ことごと》ク無主ノ島嶼ナリト聞ケリ［小笠原諸島の東南にマゼラン群島・アンソンズ群島があって、碁石を並べたように点々と散らばり、あるいは星のように連なり、直接ハワイ群島へと連なっている。この群島のうち、現にハワイ政府に属しているものはわずかに一三島だけであり、そのほかはことごとく無主の島嶼であると聞いている。］（竹下源之介『横尾東作と南方先覚志士』南洋経済研究所出版部、一九四三年）

すなわち、この島々は小笠原とハワイの間にあることになる。

「マゼラン諸島」（Magellan Archipelago または Magelhaes Arch.）や「アンソン諸島」（Anson Arch.）という地名は、現代の地図にはまず載っていない。しかし、二〇世紀初頭ごろまでの地図には、この名が記載されたものが存在する。たとえば、一九二二年にイギリスで発行された『タイムズ世界測量地図帳《アトラス》』には、日本列島の南方に「マゼラン諸島」、その東側に「アンソン諸島」という島々が描かれている。

マゼラン諸島とは、史上初の世界周航で知られるポルトガル出身の航海家、フェルディナンド・マゼラン（フェルナン・デ・マガリャンイス）にちなむ地名である。『タイムズ地

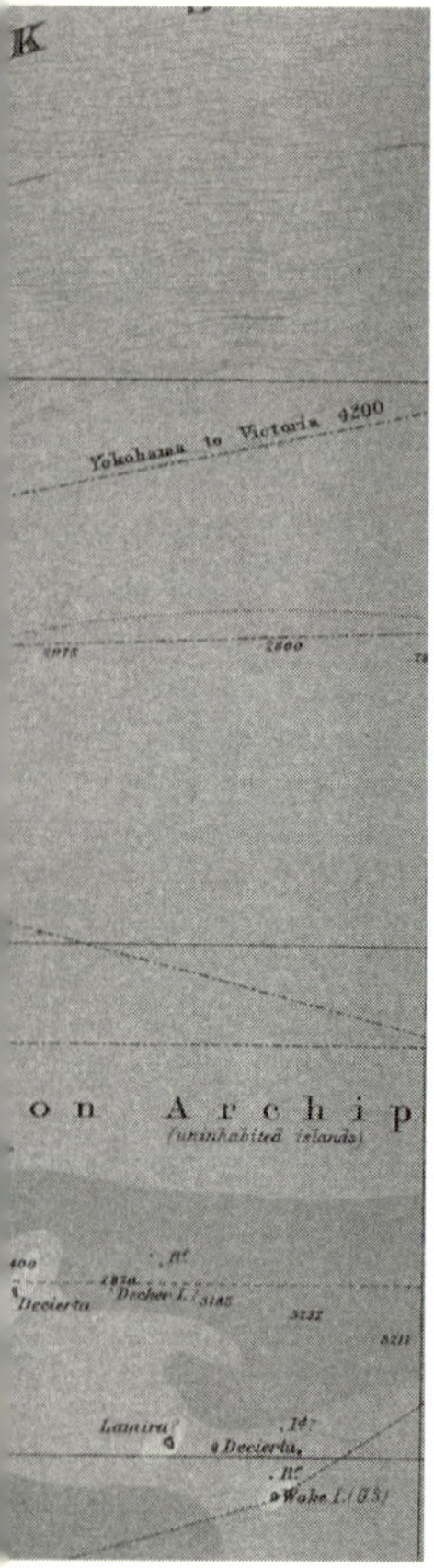


図帳』によれば、この島々には、伊豆諸島のうち南島《サウス》（青ヶ島）以南の島々とボニン（小笠原）群島、火山列島、大東諸島、ダグラス礁《リーフ》（沖ノ鳥島）が含まれているのだが、それ以外にも、アブレオジョス島、ビショップ岩、ドラレス島、ムーア島、グァダルーペ島、マラブリーゴス（マーガレット）諸島、フォルファナ島、セバスティアン・ロボス（グランパス）島など、得体の知れない島々が多数含まれている。

実体にとぼしいという点では、アンソン諸島はそれ以上である。この地名は一八世紀イギリスの海軍軍人ジョージ・アンソンに由来するが、そのうち実在するのはマーカス島（南鳥島）とウェーク環礁（マーシャル諸島の北方にある孤立環礁）だけで、それ以外のガンジス島、コルナス島、ロス・ジャルディン諸島、デシエルタ島、ロカ・デ・プラタ（クレスポ）島、マーレル島などは、現在ではすべて存在しないことが判明している。

しかし、横尾の時代には、そうした実態はまだ十分には明らかになっていなかった。むしろ、実在するかもしれない島々がどこの国の領土ともされずに放置されている、という

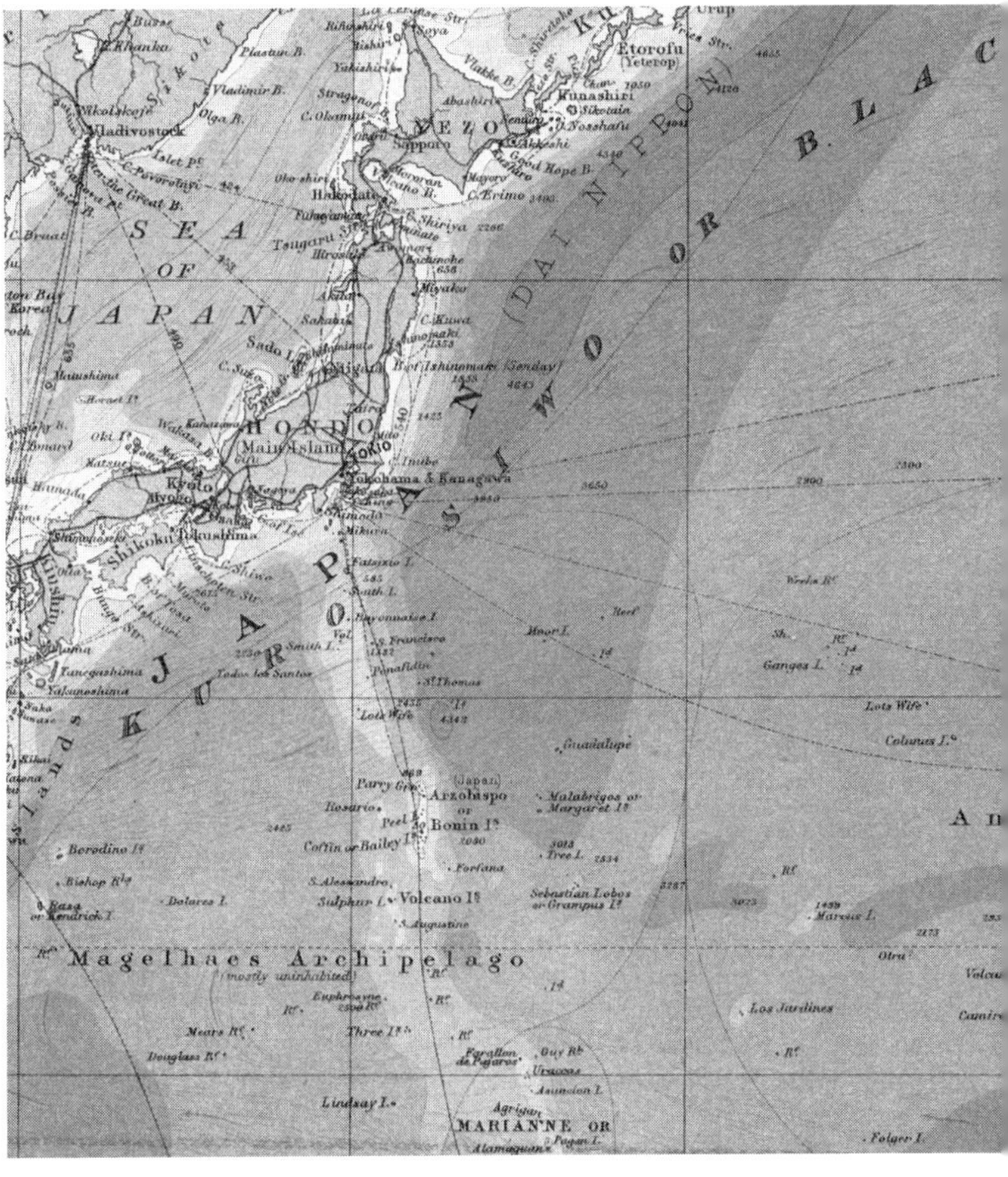


図２　『タイムズ世界測量地図帳』(Bartholomew 1922)
第103図「北太平洋」(部分)

ことは、横尾の目には、日本にも領土拡大の機会がある、とうつっていたのである。実際、一八八五年末の時点では、これらの島々のうち、小笠原群島と南北大東島については日本が領有していたものの、それ以外は特にどこの国の領土ともされていなかった。

**無主地先占**

こうした、領有権の定まっていない無人島を自国の領土として編入するためには、国際法上、「無主地先占」と呼ばれる手続きが必要になる。

「無主地」とは、どの国家にも所属していない土地のことである。国際法では、このような土地に対しては、ある国家が他の国家に先んじて支配を及ぼすことによって、その国

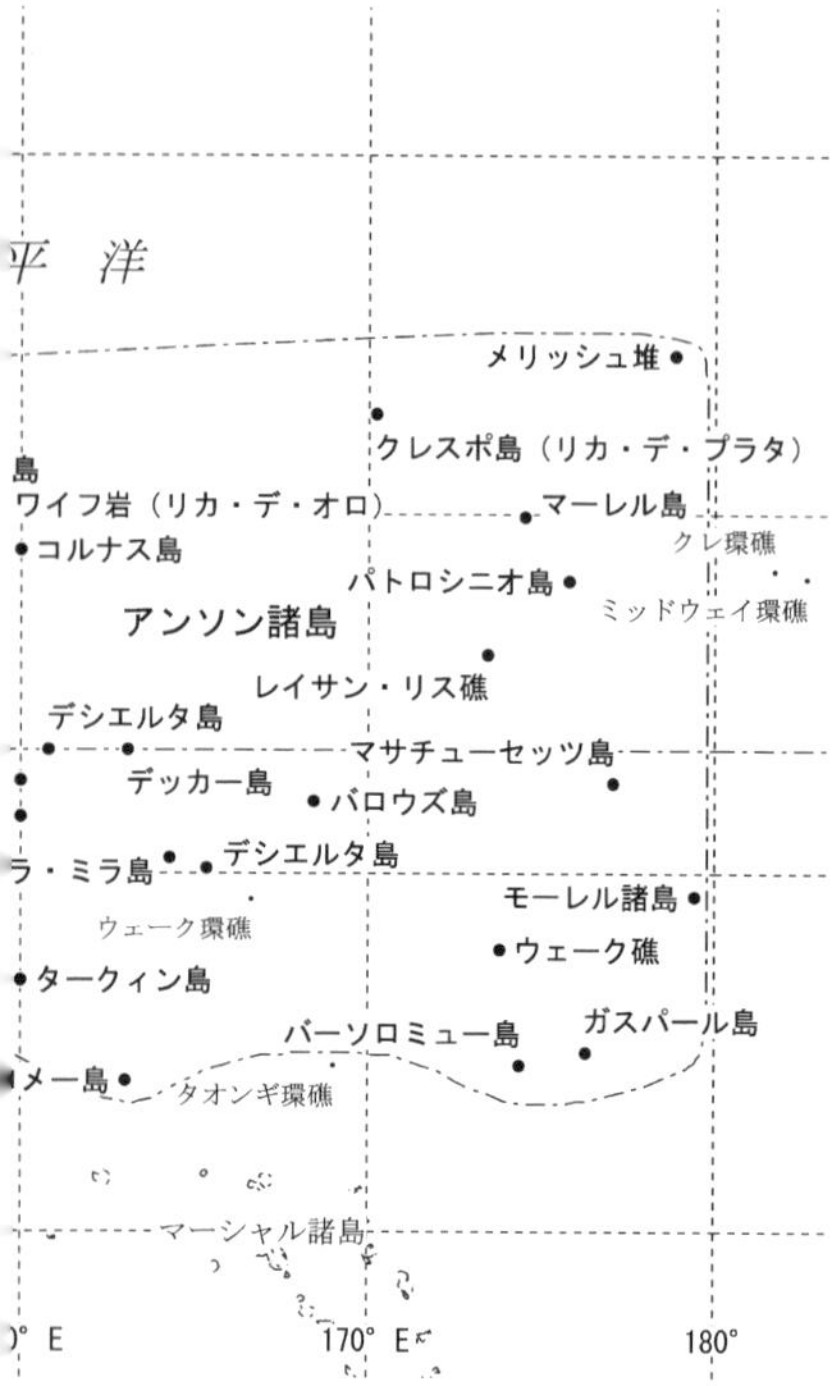


作成．ゴシック体は実在しない島を示す．

※King (1861), Rosser (1870), Jarrad (1884), Findlay (1886), 『寰瀛水路誌』等に

図３　19世紀後半の水路誌に見られる日本近海の主な疑存島

の領土に編入することが認められている。これを「先占」という。

先占が成立するためには、まず、国家が領有宣言などによって公式に領有意思を表明し、さらに、その後も実効的占有を続ける必要がある。個人や私企業が領有を宣言したというだけでは、先占は成立しない。また、たとえ領有宣言を行ったとしても、その後に実効支配を続けなければ先占は成立しない。なお、無人島であっても、巡視を定期的に行うなどして領有意思を明確にしている場合は、先占は成立していると見なされる。また、領有意思を他国に通告する必要はないとされている。

この理論は一八世紀末に成立し、一九世紀の帝国主義時代には、植民地化を正当化するための論理として盛んに利用されることになった。無主地とは、あくまで「どの国家も領有していない土地」という意味であり、その土地が無人かどうかは無関係とされている。したがって、たとえ人間が住んでいようと、その人間たちが「国家」といえるほどの社会を構成していないと見なされる場合は、その土地は無主地と見なされることになったのである。

なお、領有権の定まっていない島が数多く放置されていた、という事実は、今日の目からすればいささか奇妙に思われるかもしれない。

## 領海と排他的経済水域

今日の国際法においては、海洋に面する国は、沿岸から一二海里（約二二キロ）以内の海域を「領海」と主張することが認められているほか、沿岸から二〇〇海里（約三七〇キロ）以内の海域を「排他的経済水域」（ＥＥＺ：Exclusive Economic Zone）と主張することも認められている。ＥＥＺ内においては、沿岸国がすべての資源の排他的管轄権を認められており、他国船が無断で資源を採取することは許されない。そのため沿岸国は、ＥＥＺをできる限り広く主張するため、ごく小さな島にまで領有権を主張しようとすることになる。

　ところが、こういった考え方は、歴史的には新しいものである。一九世紀から二〇世紀前半にかけては、領海の幅は一般に三海里（約五・六キロ）から一二海里程度とされ、その外側の海域は、すべての国、すべての人々が自由に利用できる「公海」とされていた。ところが第二次世界大戦後になると、海底油田などの海底資源が利用されるようになり、また、乱獲による漁業資源の枯渇などが危惧されるようになったことなどから、沿岸国は、自国周辺海域に対する管轄権を拡大しようとするようになる。一九七二年（昭和四七）にアフリカ諸国が幅二〇〇海里のＥＥＺという概念を提唱し、一九七七年には、当時のヨーロッパ共同体（ＥＣ）加盟諸国・アメリカ・ソ連などが、相次いで幅二〇〇海里の漁業専管水域（ＦＺ：Fishery Zone。漁業について排他的管轄権を持つ水域）を設定する。その後、「海洋法に関する国際連合条約」（国連海洋法条約。一九八二年調印・一九九四年発効）によって、

ＥＥＺという概念は国際法的に広く認められることになった。

日本の場合も、明治以来、領海の幅を慣習的に三海里としてきたが、一九七七年に「領海法」と「漁業水域に関する暫定措置法」を公布・施行し、幅一二海里の領海と幅二〇〇海里のＦＺを設定した。さらに、一九九六年（平成八）に国連海洋法条約が国内で発効したのにともない、ＦＺをＥＥＺに切り替えている。

要するに、一九世紀末には、そもそもＥＥＺという概念自体がまだ存在していなかったため、領海を拡大するだけのために離島の領有を宣言したところで、さしたる利益があったわけではなかったのである。

# 海図と疑存島

『タイムズ地図帳』は民間発行の地図であるが、アンソン諸島のような正体不明の島々は、各国の公的機関が発行している海図にすらしばしば見られる。

## 「疑存」と「疑位」

海図上には記載されているものの、実在の確認されていない島のことを、海図用語では「疑存島《ぎそん》」という。「疑存」とは「存在が疑わしいもの」と定義され、海図上では「ＥＤ」(Existence Doubtful) という略号で示される。また、「疑礁《ぎしょう》」(ヴィジア vigia) という類義語もある。こちらは、もとはスペイン語で「見張り」という意味であるが、転じて、位置や存否の不確実な岩礁や小島などのことをいう。

なお、島が存在すること自体は認められるが、データ不足のために正確な位置が確定できない、という場合もある。こうしたものは「疑位《ぎい》」と呼ばれる。これは「種々の位置に報告されいかなる方法でも明確に決定できないもの」と定義されており、「ＰＤ」（Position Doubtful）という略号で示される。

そもそも、海図とは航海上の安全を確保する目的で作られた地図なので、暗礁や沈船などの危険物は、可能な限り記載するものとされている。そのため、古い時代の海図では、位置や存否が疑わしいような島であっても、座礁事故などの防止のため、とりあえず「ＥＤ」や「ＰＤ」などの略号をつけて記載しておく、ということは珍しいことではなかった。

## 海図と水路誌

今日の日本において海図の作成・発行を管轄しているのは、海上保安庁海洋情報部である。地形図の作成・発行を管轄している国土交通省国土地理院が旧陸軍（参謀本部外局の陸地測量部）の流れをくむのに対し、海洋情報部は旧海軍（海軍省外局の水路部）の流れをくむ。その歴史は、明治四年（一八七一）に兵部省海軍部内に水路局が設置されたことに始まり、以後、海軍省水路局（一八七二年）→海軍水路寮（一八七二年）→海軍水路局（一八七六年）→海軍水路部（一八八六年）→水路部（一八八八年、一九四五年に運輸省に移管）→海上保安庁水路局（一九四八年）→同・水路部（一九四九年）→同・海洋情報部（二〇〇二年）、と変遷している。

海洋情報部の発行物には、海図のほかに水路書誌があり、両者をまとめて「水路図誌」

と呼ぶ。水路書誌は海図では表現しきれない情報をまとめた書物で、航路誌・潮汐表・天測暦などが含まれるが、特に重要なのが水路誌である。これは、航路の状況や沿岸の地形などといった、航行のための情報を詳細に記した航海案内書である。

日本の水路誌は、『北海道水路誌』が一八七三年に発行されたのが最初である。一八八〇年には、世界各国の水路誌を翻訳し、『寰瀛《かんえい》水路誌』（「寰」は世界、「瀛」は海の意）全百巻として発行する計画が立てられた。しかし、翻訳ということもあって内容に問題が多いことが指摘され、一八八九年から、『日本水路誌』『支那海水路誌』などの海域別水路誌の編纂へと切り替えられている。

## 水路通報

海図は、いったん発行された後も、常に最新の状態に更新しておかなければならない。海上において危険物が新たに発見されたりした場合、それが海図に載っていないと、事故を引き起こすおそれがあるからである。このために海洋情報部では、水路図誌を補足・訂正するための安全情報を、『水路通報』として定期的に発行している。海図に載っていない島を新たに付け加えたり、逆に、海図に載っている島を削除したりする場合は、基本的に、この『水路通報』によって行うことになっている。

『水路通報』は、一八七九年（明治一二）に『水路報告』として発行が開始され、一八八六年に『水路告示』と改称された。当初は不定期発行であったが、一九一八年（大正七）

からは週一回の発行となっている。一九四九年（昭和二四）に『航路告示』と改称、一九六一年から現在の呼称となった。また、一八八三年に政府広報紙として『官報』が創刊されると、同紙上にも掲載されるようになり、これは一九七三年まで続けられていた。

さて、こういった疑存島が生じる原因としては、さまざまなものが考えられる。

### 海に沈んだ島

まず、島自体は過去に実在したのだが、その後、何らかの理由により消滅してしまった、というものがある。

よく知られているのが火山活動によるものである。たとえば一九四六年（昭和二一）二月、英国軍艦ウラヌス号は、ベヨネース列岩東方で海底火山が噴火を起こし、新島《しんとう》を形成しているのを発見した。しかし、この「ウラヌス島」は、一年も経たないうちに水没してしまう。その後、一九五二年九月、同じ海底火山が再び新島を形成した。この島は、噴火を報告したカツオ漁船・第十一明神丸の名をとって「明神礁」と命名されている。このとき、水路部の測量船・第五海洋丸が火山活動を調査中に噴火に巻き込まれて行方不明となった。このときの火山活動は約一年間にわたって続き、その間に島が何度も生まれては消えたりしたが、結局、長持ちする島として残ることはなかった。

地震による水没の例もある。たとえば、九州の別府湾には、「瓜生島《うりゅう》」という島が海に沈んだ、という伝説がある。文禄五年（慶長元年、一五九六）閏《うるう》七月、豊後府内（現・大分市）附近にあった「沖の浜」という港町が、地震により水没したことが記録に残されている。軟弱な地盤が液状化現象により崩壊したものと考えられており、一九七七年以後の調査で、それらしき地崩れの跡も発見されている。ただし、「瓜生島」という島名は、地震から一世紀以上経ってから書かれた文献に初めて見えるもので、後世に伝説化する過程で付けられたものらしい。そもそも、沖の浜は実際には「島」ではなく、府内と陸続きであったことが判明している（加藤知弘「府内沖の浜港と「瓜生島」伝説」『大分県立芸術文化短期大学研究紀要』第三五巻、一九九七年）。

数十万年、数百万年といった地質学的なスケールで見れば、島の浮き沈みはごくありふれた現象にすぎない。ただし、数年から数十年程度の短い時間では、島が消滅するための条件はかなり限られている。火山活動や地震などが発生する場所は限られているし、一回の地震による地面の上下動は、大きくともせいぜい数メートル程度にすぎない。他にも、浸蝕によって島が消滅した例なども知られているが、いずれにせよ、通常はその痕跡が海底地形として残ることになる。

疑存島の中には、確かに過去に実在した可能性があるものもある。しかし実際のところ、その大部分は、人間の想像力や勘違いの産物として生み出されたものなのである。

たとえば、アンソン諸島のロカ・デ・プラタ島（スペイン語で「銀の岩」の意）、あるいはリカ・デ・プラタ島（「銀に富む」の意）は、古い伝説の亡霊である。

## 金銀島の伝説

一六世紀後半、日本列島のはるか東方に金銀を豊かに産する島々がある、という噂が広まりだした。この島々は「リカ・デ・オロ」（「黄金に富む」の意）と「リカ・デ・プラタ」の二島からなり、色白で豊かな住民が住むといわれていた。一六一二年にスペイン、一六三九年と一六四三年にオランダが、それぞれこの島を捜索したが、いずれも発見することはできなかった。しかし、その後も長い間、この伝説は信じられ続けた。

なお一八〇一年一〇月、スペインのガレオン船エル・レイ・カルロス号のクレスポ船長は、北緯三二度四六分・東経一七〇度一〇分の地点（犬吠埼の東方約二七〇〇キロ）で島を〝目撃〟した、と報告した（Findlay 1886）。全くの偶然なのだが、このころの海図には、この近くにリカ・デ・プラタ島が描かれていた。そのため、この島はリカ・デ・プラタ島そのものと見なされ、「クレスポ島」という別名が与えられることになった。ジュール・ヴェルヌの小説『海底二万里《リュー》』（一八六九〜七〇年）には、潜水艦ノーチラス号がこのクレスポ島に立ち寄る場面がある。

“発見者”による捏造が疑われる事例もある。アメリカの航海家ベンジャミン・マーレルは、一八三二年に上梓《じょうし》した航海記の中で、一八二五年七月に北西ハワイ諸島の西方で未知の島を発見した、と主張した。この島は「マーレル島」の名で海図に載るようになる。しかし、マーレルは同時代人から「太平洋最大の嘘つき」というあだ名を奉《たてまつ》られたことすらあるほどの評判の悪い人物であり、この島も、彼のホラ話のひとつである可能性が高い。

### 捏造された島、誤解が生んだ島

氷山や雲塊、蜃気楼などを島と誤認したと疑われている事例も少なくない。一八八八年（明治二一）九月、カナダ太平洋汽船会社のアビシニア号は、北緯三六度三九分・東経一四二度二七分、すなわち茨城県日立市の東方約一六〇キロの地点で岩礁を“発見”した、と報告した。この付近では同様の報告がいくつもあり、一九二七年（昭和二）七月には、山下汽船の東光丸が暗礁に“接触”したと報告している。しかし、この附近の水深は数千メートル以上で、島など存在するはずがない。この海域が寒流（親潮）と暖流（黒潮）の接触する潮境《しおざかい》であることから、この現象は、潮目《しおめ》に寄せられた鯨の死骸などの浮遊物を誤認したもの、と考えられている（「犬吠埼沖の諸疑存礁と疑礁と誤り易き海面の現象」『水路要報』第九年第三号、一九三〇年）。

島自体は確かに存在するのだが、その位置が海図上に誤って記入されたため、結果として疑存島になってしまった、という事例もある。これについては後で詳しく説明する。

# 日本近海の疑存島

## 五つの疑存島

本書では、一九世紀後半から二〇世紀初頭にかけての海図に描かれていた、日本近海の五つの疑存島を取り上げ、その歴史を描いてみることにしたい。これらは、いずれも水路部発行の公式な海図や水路誌に記載されていたものであり、その地理的な近さから、明治期の日本人の興味・関心を惹《ひ》くことになったものである。しかも、これらの島々は、日本周辺の島々の領有権確定とも直接・間接に関係しているのである。

最初に、これらの島々の概略について述べておく。なお、以下に述べる島々の位置は、いずれも日本製海図から削除された時点でのものである。ただし、こういった島々は、海図から削除された後も、民間発行の地図などではしばしば消されずに残っていることがあ

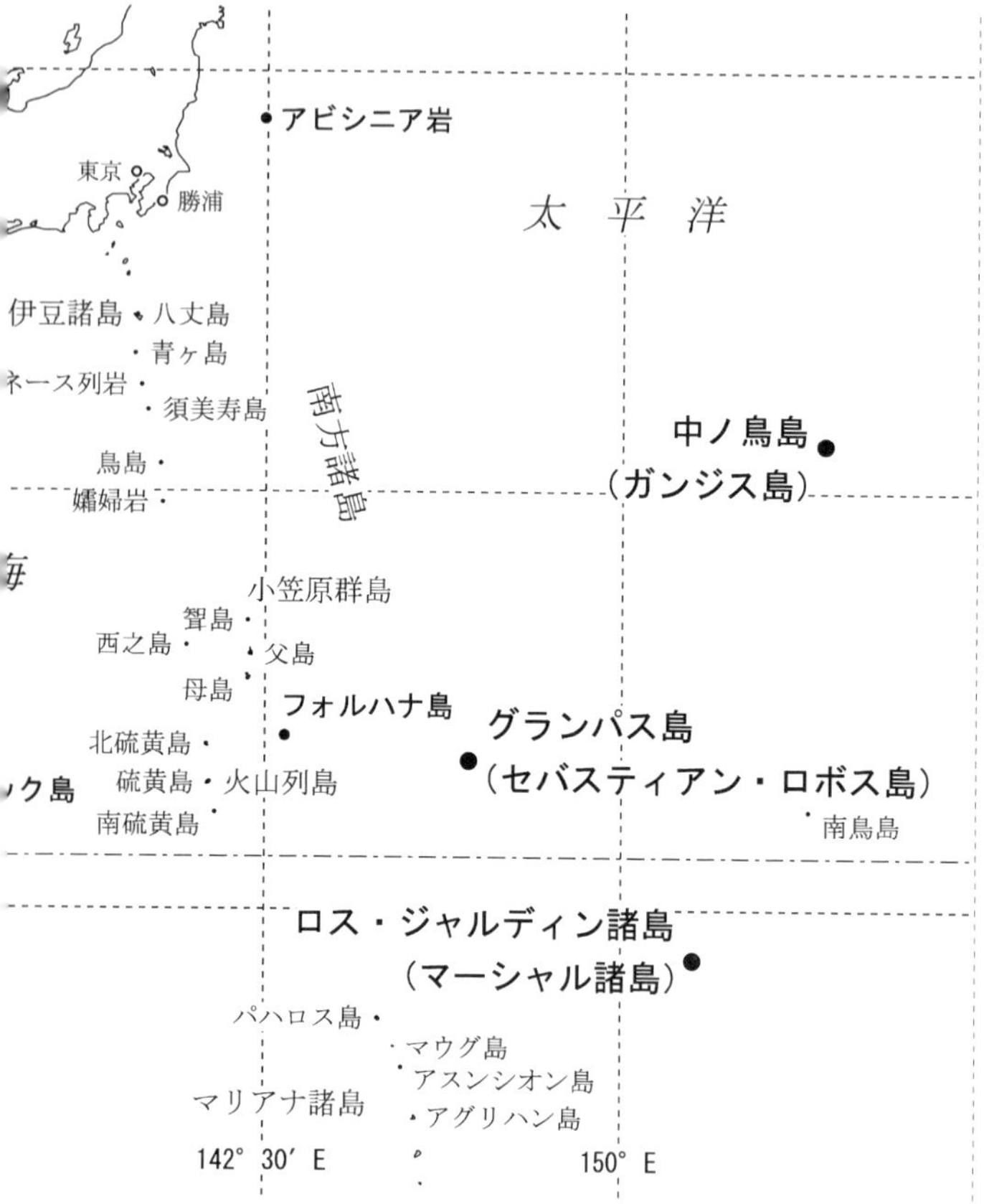
アビシニア岩
東京
勝浦
太　平　洋
伊豆諸島
八丈島
青ヶ島
ネース列岩
須美寿島
南方諸島
中ノ鳥島
（ガンジス島）
鳥島
孀婦岩
海
小笠原群島
聟島
西之島
父島
母島
フォルハナ島
グランパス島
（セバスティアン・ロボス島）
北硫黄島
硫黄島
火山列島
ク島
南硫黄島
南鳥島
ロス・ジャルディン諸島
（マーシャル諸島）
パハロス島
マウグ島
アスンシオン島
マリアナ諸島
アグリハン島
142°30′E
150°E

※ゴシック体は実在しない島を示す。

図４　五つの疑存島

る。たとえば中ノ鳥島は、一九四六年（昭和二一）に削除された後も、『精密世界地図帖アジア要部篇』（統正社、一九五一年）や『基範日本大地図』（帝国書院、一九五七年）などに記載が見られる。

## ロス・ジャルディン諸島

(1)ロス・ジャルディン諸島（Los Jardines Is.）——またの名をマーシャル諸島（Marshall Is、ミクロネシアのマーシャル諸島と同名だが、混同しないように注意）。北緯二一度三七分・東経一五一度三一分附近にあって、二つの小島からなるとされていた。東京の南東約一九〇〇キロ、南鳥島とマリアナ諸島の間（南鳥島の南西約三九〇キロ、パハロス島の東約七〇〇キロ）である。

ロス・ジャルディン（スペイン語ではロス・ハルディネス）とは、スペイン語で「庭」という意味で、英語では直訳して「ザ・ガーデンズ」（The Gardens）と呼ばれることもある。日本語では「ジャルディネス」などと表記されることもあるが、ここでは、海図（第八〇〇号「太平洋北西部」一九三七年版など）で用いられていた「ロス・ジャルディン諸島」という表記を用いることにする。

米国海軍水路部のG・S・ブライアン大佐が『米国海軍協会会報』一九四〇年四月号に書いた記事によれば、この島々は一五二九年にアルバロ・デ・サアベドラがマリアナ諸島の北東三七五海里（約七〇〇キロ）の地点で〝発見〟したもので、当時、友好的な住民が住んでいたという。さらに、その一四年後にビリャロボス、一七八八年にマーシャルがこの島々について報告している。しかしその後、ある捕鯨船が目撃したのを唯一の例外として、この島々に関する報告は途絶えてしまう。一九三三年、米国海軍水路部の測量艦ラマポ号はこの海域の徹底的な捜索を行ったが、ついにこの島々を発見することはできなかった。ところが、音響測深によって、ちょうど海図上のロス・ジャルディン諸島の附近に、二つの海山が発見された。その最も浅い地点は水深一一二〇ファゾム（約二〇五〇メートル）であったという。かつて存在した島が海底に沈んだ痕跡、と考えたくなるが、地質学者はその可能性を否定したという（Bryan 1940）。

この島が海図から削除されたのは、一九七二年一一月のことである。おそらく、北太平洋海域においては、最も長期間にわたって海図に載り続けた疑存島であろう。

**アブレオジョス島**

(2)アブレオジョス島（Abreojos I.）——またの名をラングデイル島（Langdale I.）。北緯二三度一〇分〇秒・東経一二九度二五分四五秒附近にあるとされていた。沖縄本島の南南東約三七〇キロ、奄美大島からほぼ真南に約五五〇キロ、沖大東島の南西約二三〇キロの地点である。

一五四三年、スペインのベルナルド・デ・ラ・トーレが〝発見〟したとされる。「アブレ・オホス」（abre ojos）とは、スペイン語で「目を開け」という意味で、要するに危険礁

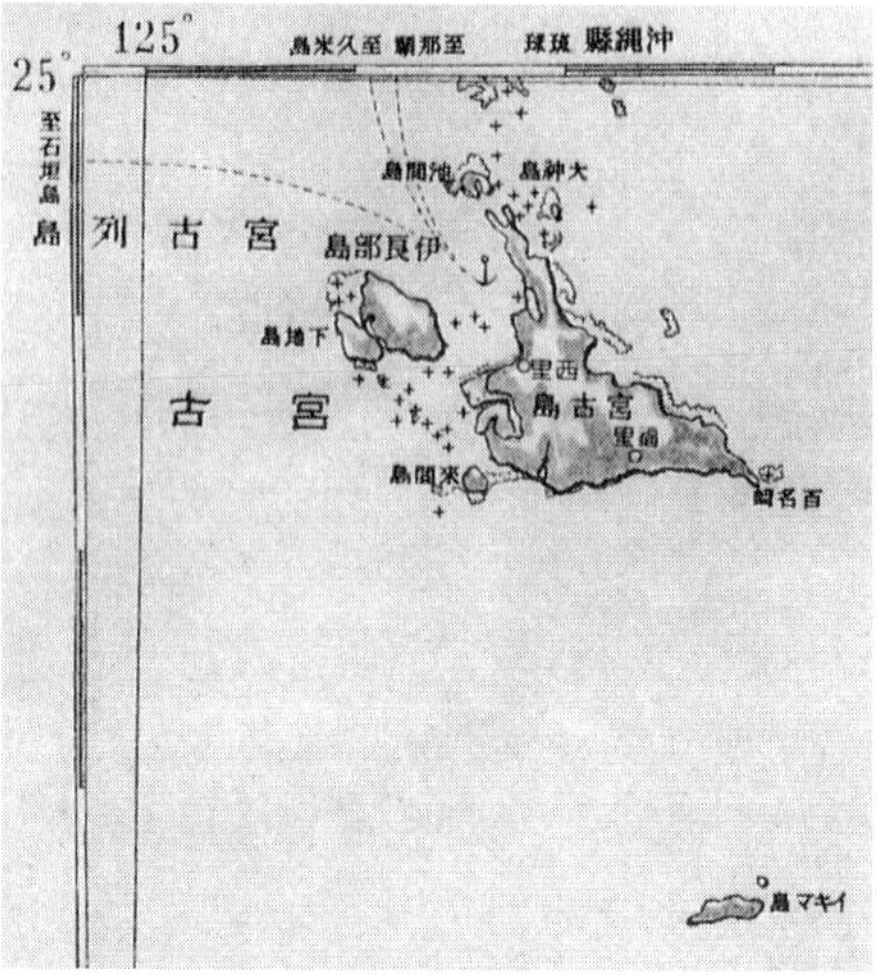


図5　「東亜輿地図」に記載されたイキマ島

ということである。日本語の文献では「アブレオジョス」と表記されていることが多い。また、一九〇四年（明治三七）九月にはイギリスの汽船ラングデイル号が〝再発見〟したとされ、別名はこの船の名にちなむ。しかし、その後は再確認できず、海図からは一九二四年（大正一三）九月に削除された。

## イキマ島

(3)イキマ島（Ykima I.）――北緯二四度二五分三〇秒・東経一二五度二八分、南西諸島の宮古島（沖縄県宮古島市）の東端である東《ひがし》平安名岬《へんなざき》のほぼ真南、約三三キロの地点にあるとされていた。

この島は一八世紀半ば、宮古島とセットのような形で地図に出現する。

陸地測量部が一八九七年（明治三〇）に製図し一九〇九年九月に発行した、一〇〇万分一「東亜輿地図《よちず》」のうちの一枚、「宮古嶋」を見ると、この島はちょうどナメクジのような、東西に細長い姿で描かれており、その長さは八キロほどである。面積は、宮古島北東の池間《いけま》島（二・八三平方キロ）や、東南の来間《くりま》島（二・八四平方キロ）よりもやや大きめ、伊良部《いらぶ》島の西に隣接する下地《しもじ》島（九・五四平方キロ）とほぼ同じくらいである。また、このイキマ島の北東に、もうひとつ、ごく小さな島が描かれている。

　この島が海図から削除されたのは、一九〇六年八月のことである。つまり、海図から三年前に消されたはずの島が、地形図のほうには描き残されていたことになる。

　宮古島の北方には、「八重干瀬《やびじ》」と呼ばれる広大な珊瑚礁群が広がっている。八重干瀬は普段は完全に水没しているが、潮の干満の差が大きい大潮の際には、干潮時に水面から顔を出すこともある。こういった場所であれば、過去には存在していた島が、海水面の上昇や浸蝕、あるいは地殻変動などによって沈んでしまった、と考えられないこともない。ところが、あいにくと宮古島の南方は急激に深くなっていて、イキマ島附近では水深一〇〇〇メートル以上に達しており、それらしき浅瀬は特に見当たらないのである。

## グランパス島

(4)グランパス島（Grampus Is.）——またの名をセバスティアン・ロボス島（Sebastian Lobos I.）。北緯二五度一〇分・東経一四六度四八分附近にあるとされ、二〜三の小島からなるとされていた。東京の南南東約一三五〇キロ、火山列島と南鳥島のほぼ中間地点（硫黄島の東方約五五〇キロ、南鳥島の西方約七三〇キロ）である。『寰瀛水

路誌 第一巻上』（一八八五年）では「「グランパス」列島」と表記されているが、一般には「グランパス島」と呼ばれていることが多い。

一七八八年にイギリスのジョン・ミーアズが〝発見〟したとされる。グランパスとは、英語でシャチ、あるいは広く小型クジラ類を指す古い呼び名である。一八九〇年代に再三にわたり探索が試みられたが、ついに再発見できず、一九〇〇年（明治三三）八月、海図から削除された。

### 中ノ鳥島

(5)中ノ鳥島――またの名をガンジス島（Ganges I.）。概要については本書冒頭で述べた通り。一九〇七年八月に山田禎三郎が〝発見〟したとされるが、それ以前から海図には「ガンジス島」の名で記載されていた。

ガンジス島は、アメリカのジャーナリスト、ジェレマイア・N・レナルズ（一七九九？〜一八五八）が、捕鯨船に対する聞き取りや、航海日誌・海図などの調査をもとにして、一八二八年九月二四日付で作成した疑存島のリストに記載されている。したがって、その〝存在〟はそれ以前から知られていたことになる。しかし、海図に載るようになった経緯ははっきりせず、島名の由来も明らかでない。

なお、このレナルズのリストは、探検航海の準備のために米国海軍省の求めに応じて作成されたものであるが、そのいきさつというのがいっぷう変わっている。一八一八年、ジョン・クリーヴス・シムズというアメリカ人が、地球は中空の同心球構造になっており、北極と南極には地球内部へと続く巨大な穴が開いている、という説を唱えた。地球の密度から考えて、そのような巨大な空洞が存在することはありえないのだが、にもかかわらず、この奇説は一部に熱烈な信奉者を生むことになった。レナルズもその一人で、彼は、南極に開いているはずの穴を捜索するための探検隊派遣を政府に働きかけたのである。チャールズ・ウィルクス率いる米国海軍の探検航海（一八三八〜四二年）は、このレナルズの提案をそもそもの発端としている。

さて、北太平洋にこういった疑存島が現れるようになったいきさつについて見るためには、ひとまずマゼランの時代にまで遡《さかのぼ》らなければならない。

# ヨーロッパ人と北太平洋

# スペイン人と北太平洋

一五一九年、マゼランは南スペインのサンルーカル・デ・バラメダ港を出航し、西へと向かった。その目的地はマルク（モルッカ）諸島であった。現在のインドネシア中部にあり、香料を豊かに産することで知られる島々である。

## マルク諸島は誰のものか

一四九四年に結ばれたトルデシリャス条約では、大西洋上、ヴェルデ岬諸島の西方三七〇レグアを通る子午線を分界線とし、その東方がポルトガル側、西方がスペイン側の勢力圏とされた。三七〇レグアは約二〇〇〇キロであり、したがって分界線はおおむね西経四六度三七分、地球の反対側では東経一三三度二三分のあたりとなる。マルク諸島はこの分界線のポルトガル側にあり、すでにポルトガルの勢力が手を伸ばしていた。ところがマゼランは、この島々はスペイン側に所属していると主張し、スペインの支援を取りつけたのである。

しかしこの当時、彼の主張が誤っていることを証明するのは極めて困難であった。経度を測定する技術がまだ存在していなかったからである。

**経度測定の困難**

地球上のある地点の位置を確認するには、その地点の緯度と経度を測定する必要がある。

緯度は天体観測によって簡単に測定することができる。北半球であれば北極星の高度を測るだけでよいし、また、航海暦（航海用の簡易天体位置表）が用意されていれば、太陽などの天体の南中高度から測定することもできる。

問題は経度である。経度の測定法にはさまざまな考え方があるが、基本となるのは、二地点間の時差を測ることである。たとえば、A地点において、太陽の南中時刻に午前一二時を指すように時計を合わせておき、次に、その時計をB地点に持っていく。もし、B地点での太陽の南中時刻に、時計が午前一一時を指していたとすれば、時差はプラス一時間、したがってB地点はA地点の一五度東ということになる。

ところがこの時代、正確で、しかも長距離の航海に耐えられるような時計はまだ存在しなかった。他にも、天体観測を利用する方法など、さまざまな方法が考案されたが、いずれも実用に耐えるものではなかった。結局、当時の航海者たちは、船の進行速度と方位から自船の位置を推定する、という原始的な方法をとるしかなかったのである。

### マゼランとロアイサ

マゼラン艦隊は南アメリカを回航したのち、一五二一年にマリアナ諸島にたどりついた。このときマゼランは、この島々の住民（チャモロ人）が盗みをはたらいた、として島民を殺戮《さつりく》した上、この島々を「ラドロネス（泥棒）諸島」と命名している。ただし、この「盗み」なるものは、今日では、チャモロ人とヨーロッパ人の所有概念の違いからくる誤解の産物であったと考えられている。すなわち、チャモロ人は、マゼランたちに食糧や水を与える代わりに、その代価としてマゼランたちの持ち物を自由に持っていって良いものと考えていたのである。

ついでマゼランはフィリピン諸島にたどりつくが、ここで住民とのいさかいを引き起こし戦死してしまう。残った艦隊は、ホアン・セバスティアン・デ・エルカーノの指揮のもとにマルクにたどりつき、一五二二年にスペインへと戻った。

一五二五年、スペインはガルシア・ホフレ・デ・ロアイサを隊長とするマルク遠征隊を派遣した。エルカーノも参加したこの隊は、悲惨な経過をたどることになる。ロアイサ、エルカーノらが次々と病に倒れ、七隻の艦隊のうち、一五二六年にマルクにたどりついたのはわずか一隻だけだったのである。このころマルクでは、ポルトガルと手を結んだテルナテ島の王と、ティドレ島の王とが対立を深めていた。ロアイサ隊の生存者たちはティドレ王と手を結び、ポルトガル勢力と対峙することになる。

## ロス・ジャルディン諸島の〝発見〟

いっぽう一五二一年、スペインのフェルナンド・コルテスは、現在のメキシコ高原にあったメシーカ王国（アステカ）を滅ぼし、その故地にヌエバ・エスパーニャ（新スペイン）植民地を建設した。今日のメキシコの起源である。

一五二七年一〇月、コルテスは、ロアイサ隊などの消息を確認するため、従兄弟《いとこ》のアルバロ・デ・サアベドラ・イ・セロンを派遣した。サアベドラの指揮するフロリダ号は、ヌエバ・エスパーニャから出航し、北東貿易風に乗って北太平洋を横断することに成功、一五二八年三月にティドレに到着し、ロアイサ隊の残党たちと合流する。

一五二八年六月、フロリダ号はヌエバ・エスパーニャに救援を求めようとティドレを出航したが、途中で逆風にさえぎられて引き返さざるを得なくなる。

翌一五二九年五月、フロリダ号は再びヌエバ・エスパーニャに向かおうとした。フロリダ号はニューギニア島の北岸を通過したのち、椰子の木や草でおおわれた、低くて小さな島々を〝発見〟し、「ロス・ブエノス・ハルディネス」（Los Buenos Jardines、良い庭園）と命名した。ポルトガルのマルク総督アントニオ・ガルヴァン（?〜一五五七）の著書『諸国新旧発見記』(一五六三年刊)によれば、この島々の住民たちは草で作った白い衣服を着ており、火を見たことがなかったという。サアベドラが病気にかかったためもあり、フロリダ号はこの島々に八日間滞在している。

後世の海図や水路誌では、この島々はマリアナ諸島の東方、北緯二一〜二二度あたりとされている。そのような場所には島はないから問題となるのだが、じつは、一六世紀の文献では、この島々の緯度はもっと南だとされていた。ガルヴァンは北緯一〇〜一二度としているし、また、世界初の近代的地図帳とされるアブラハム・オルテリウスの『世界の舞台』(一五七〇年初版)では、この島々はラドロネス諸島の東南、北緯一〇度のやや南あたりに描かれている。だとすれば、この島々はマーシャル諸島のどこかだとするのが妥当である。低くて小さな島々、という描写は典型的な環礁と一致するし、ちょうどこのあたりの緯度には、エニウェトク環礁やビキニ環礁など、数多くの環礁が分布しているからだ。

フロリダ号はその後、北緯二七度まで進んだが、サアベドラが死んだために航海を中止し、一二月にティドレに戻った。

サアベドラは、北太平洋を東から西へ横断する航路を開拓したものの、西から東に引き返す航路の開拓には失敗した。この失敗は、東方進出をめざすスペインにとっては大きな痛手となった。一五二九年、スペインはポルトガルとサラゴサ条約を結び、マルク諸島に

図６　オルテリウス『世界の舞台』初版（1570年）所収「東インドおよび隣接島嶼図」（部分）

関する権利をポルトガルに売り渡すとともに、マルクの東方二九七・五レグア（東経一四四度三〇分付近）を通る子午線を新しい分界線と定めた。

一五三五年、スペインはヌエバ・エスパーニャの支配強化のために副王制を施行し、初代の副王にアントニオ・デ・メンドーサを任命した。

### ビリャロボスのフィリピン遠征

一五四二年一一月、メンドーサ副王の義弟ルイ・ロペス・デ・ビリャロボスは、副王から東インド諸島を探検するよう命じられ、ヌエバ・エスパーニャを出航した。彼は太平洋を横断し、翌一五四三年二月にミンダナオ島にたどりついた。

この航海中の一五四三年一月六日、ビリャロボスは、北緯九～一〇度附近で「ロス・ハルディネス諸島」を目撃している。この島がサアベドラの〝発見〟した島と同一かどうかは不明であるが、いずれにせよ、ミクロネシアのどこかであることは間違いない。

ビリャロボスはミンダナオ島の領有を宣言し、この地を東方進出の拠点にしようとした。フィリピン諸島はマルク諸島よりも西にあるので、この行動はサラゴサ条約に明らかに抵触する。だがスペインは、マルクでは譲歩したのだからフィリピンは自分のものだと言い張りつづけ、結局、最終的にはそれが通ってしまった。

なお、ガルヴァンによれば、ポルトガル人はこれとほぼ同時期の一五四二年に初めて日本に到達している。ただし、日本側の記録である文之玄昌《ぶんしげんしょう》の『鉄炮記《てつぽうき》』（一六〇六年〈慶長一二〉成立）では、ポルトガル人の初来航は「天文《てんぶん》癸卯《きぼう》」（天文一二年＝一五四三年）とされている。いずれの年が正しいのか、あるいは両者はそれぞれ別の事件を述べているのか、という点についてははっきりしていない。

## トーレの見た島々

一五四三年八月、ビリャロボスは、ヌエバ・エスパーニャに救援を求めるため、部下のベルナルド・デ・ラ・トーレが指揮するサン・ファアン号を派遣することにした。しかし、八月にフィリピンを出航したトーレは、サアベドラ同様、逆風にさえぎられて引き返す羽目になる。なお、このときビリャロボスは、フィリピン中部のレイテ島・サマール島などの島々を、スペイン王太子フェリペ（のちの国王フェリペ二世）の名にちなんで「フェリピナス」と命名した。「フィリピン」という地名の起源である。

この航海において、トーレは日本列島の南方海上でいくつかの島々を発見している。ところが、この島々が現在のどの島々にあたるのかがよくわからない。というのも、この航海については三つの記録が残されているのだが、いずれも内容が曖昧な上に、互いに食い違うところがあるからである（浦川和男「スペイン軍艦が望見した日本の南方諸島」『海事史研究』第六四号、二〇〇七年）。

まず、ビリャロボス艦隊の水先案内人ファン・ガエタンによれば、トーレはタンダヤ島

（サマール島？）の東方二〇〇レグア、北緯一六度附近で海面すれすれの低い島を発見し、「アブレ・オホス」と命名、続いてその北東、北緯一六～一七度附近で二つの大きな島を発見した。しかし、彼はこれらの島々には上陸しなかったという。ところが、ビリャロボス艦隊の幕僚ガルシア・デ・エスカランテ・アルバラドは、北緯二六度において一つの小さな島を発見し、ついで、その二六レグア前方に二つの島を発見した、と述べている。さらにガルヴァンは、九月二五日に「マラブリーゴ」（Mal Abrigo、「避難不適」の意）を発見し、その先に「ラス・ドス・エルマノス」（Las Dos Hermanos、「二人兄弟」の意）を発見した、と記している。この島々の比定地には様々な説があるが、生化学者・地図学者の中村拓《ひろし》が主張するように、アブレ・オホスないしマラブリーゴは沖大東島（ラサ島）、ラス・ドス・エルマノスは南北大東島とするのが最も妥当と思われる（中村『御朱印船航海図』日本学術振興会、一九六五年）。

さらにサン・ファン号は東北に進み、三つ（ガルヴァンによれば四つ）の火山島を発見した。これは、火山列島についての最古の目撃記録とされている。

その先がまた問題で、ガエタンによれば、火山列島の東北東四〇レグアの地点で無人島を目撃したといい、ガルヴァンによれば、一〇月二日に「フォルファナ」（Forfana、意味不明）と、さらに、その先に「一つの高い岩があり、五か所から火を吹いていた」ものを目撃したという。エスカランテはこの島については何も語っていない。この島を南鳥島だとする説もあるが、その周辺には海底火山はないので疑わしい。むしろ、進路に疑問はあるが、おそらく火山列島周辺の海底火山活動を目撃したものではないかと思われる。その後、サン・ファン号は東寄りの風にさえぎられ、やむなくフィリピンに引き返したらしい。

この失敗によりヌエバ・エスパーニャとの連絡を断念したビリャロボスは、一五四四年一月にフィリピンを放棄してマルク諸島に向かったものの、ポルトガル側との衝突を引き起こし、結局、一五四五年一一月に降伏する。翌一五四六年、ビリャロボスは連行先のアンボン島で病死した。ついでながら、ビリャロボス艦隊の従軍司祭コスメ・デ・トーレスは、この島で、たまたま布教に訪れていたイエズス会士フランシスコ・デ・シャヴィエル（ザビエル）に出会っている。このことがきっかけとなり、一五四九年（天文一八）、トーレスはザビエルとともに日本の土を踏むことになる。

トーレの見た島々は、その後のヨーロッパ製地図にも記載されることになった。とはいえ、もとの情報に曖昧なところがあるため、その地図上の位置も不確実なものであった。ところがその後、大東諸島や火山列島についてのより正確な情報がもたらされたのちも、この島々は亡霊のように地図に残り続けることになる。

## 太平洋横断航路の開拓

一五六四年一一月、ミゲル・ロペス・デ・レガスピの率いるスペイン艦隊が、ロアイサ隊の生き残りである主席航海士アンドレス・デ・ウルダネータの指揮のもと、フィリピンを目指してヌエバ・エスパーニャを出航した。艦隊は途中でラドロネス諸島に立ち寄って領有宣言を行ったのち、一五六五年二月にフィリピンへ到着した。レガスピはただちにセブ島を根拠地としてフィリピン侵略を開始する。その一方、フィリピンからの帰航ルートを開拓しようとしたウルダネータは、偏西風に乗ることに成功し、同年一〇月にヌエバ・エスパーニャ西岸のアカプルコ港へ戻った。彼はここに、史上初めて太平洋を意図的に西から東へと横断することに成功したのである。

なお、この航海中の一五六五年六月二一日、ウルダネータは岩礁を発見し「パレセベラ」(Parece Vela、「帆のような」の意) と命名した。これが沖ノ鳥島の最初の確実な目撃例とされている。

これ以後、ガレオン船と呼ばれる帆船による貿易船団が、アカプルコとフィリピンとの間を、年に一往復するようになる。レガスピは一五七一年に拠点をルソン島のマニラに移したので、この貿易をマニラ・ガレオン貿易という。この貿易は、フィリピンを介した中国との貿易、という性格の強いものだった。

### スペインのマリアナ侵略

一六六八年、スペイン人イエズス会士ディエゴ・ルイス・デ・サンビトレスがグアム島に渡り、カトリックの布教を始めた。「マリアナ」という地名は、このとき彼がスペイン王太后マリアナ（国王カルロス二世の母）の名にちなんでつけたものである。ところが四年後、彼は布教活動に反発した島民によって殺害されてしまう。この事件がきっかけとなって、スペインはマリアナに対する本格的な侵略（スペイン・チャモロ戦争、一六七二〜九五）を引き起こし、以後、この島々はスペインの支配下に置かれることになった。

ところで、日本国内では、この北太平洋の島々はどのように認識されていたのだろうか。

## 「無人嶋」と「小笠原島」

### 「無人嶋」の発見

日本では、一六世紀にヨーロッパ人が地理的知識を持ちこむまで、北太平洋方面への知識も関心もほとんど持たれていなかったと考えられる。中世の日本地図の中には、日本の東南海上に、仏教説話に基づく「羅刹国《らせつ》」（女の姿をした食人鬼が住む島）などの空想的な島が描かれたものもあるが、日本の東方や南方は、そうした異界として認識されることはあっても、実在の小笠原諸島やマリアナ諸島などは認識の範囲外に置かれていたのである。

一六三九年、オランダ東インド会社は、金銀島が有望な交易対象となるのではないかと考え、マティウス・クアストとアベル・タスマンに北太平洋の調査を行わせた。もっとも、ありもしない島が発見されるはずもなく、その意味でこの航海は失敗に終わった。このとき彼らは、日本列島の東南海上で無人の島々を望見しているが、これは、小笠原群島についての確実な最初の記録とされている。しかし、彼らはこの島々を海図に載せただけで、それ以上の関心を示していない。彼らが必要としていたのは交易相手であり、無人島などに用はなかったのである。

ただし、小笠原群島は全くの無人島であったわけでもないらしく、父島では打製石斧《せきふ》や礫《れき》器など、母島では骨角貝器などの考古学的遺物が発見されている。また、火山列島の北硫黄島では、一九九一年（平成三）に積石遺構（石野遺跡）が発見されており、不確実ながらも約二〇〇〇年前という推定年代も出されている。しかし、これらの遺跡の位置づけについては、いまだ不明確な点が多い。

いっぽう、日本側が小笠原群島の存在を認識するようになるのは、寛文一〇年（一六七〇）二月、阿波国海部《かいふ》郡浅川浦（現・徳島県海部郡海陽町《かいようちょう》）のミカン船が、偶然にこの島々に漂着してからである。その後、幕府は延宝三年（一六七五）に島谷市左衛門をこの島に派遣して調査を行った。島谷らは父島に祠《ほこら》を建て、その脇に「大日本之内也」と記したという。これ以後、この島々は「無人嶋《むにんしま》」（または無人嶋《ぶにんしま》）として知られるようになる。

一八一七年、フランスの東洋学者アベル・レミューザは、無人嶋を「ボニン（Bonin）諸島」として紹介した。以後、欧米ではこの名が定着する。

## 「小笠原貞頼」という虚構

享保一二年（一七二七）、小笠原宮内貞任《くないさだとう》と称する浪人が、幕府に無人嶋の探検を申し出た。貞任によれば、この島は、戦国時代の信濃国守《しなののくに》護・小笠原長時の子孫で、自らの曽祖父である貞頼《さだより》が文禄二年（一五九三）に発見し、「小笠原島」と命名、開拓したのだという。

貞任は南町奉行大岡忠相《ただすけ》の許可を得て、享保一八年一二月（一七三四年一月）、甥を島に向かわせたが、一行はそのまま消息を絶ってしまった。享保二〇年に貞任は再渡航を申請する。ところが、不審をいだいた町奉行所が、小笠原氏の本家である豊前《ぶぜん》小倉藩に確認をとったところ、重大な事実が次々と発覚した。貞頼は寛永三年（一六二六）まで再三にわたり島に渡航したことになっているが、その記録が見つからない。それどころか、そもそも貞頼なる人物の実在が確認できない。おまけに、貞任の提出した書類はすべて「筆写」で、原本は一通もなく、その内容にも不審な点がある。結局、享保二〇年一二月（一七三六年二月）、貞任は、怪しげな文書をもとに出願を行った、という罪で重追放となった。

貞任は、無人嶋の開拓権を確保するために、「貞頼の小笠原島発見」という話全体をでっちあげたものと考えられている。その動機は定かではないが、提出文書の中に「金砂多し」といった記述があることから、金の採掘をねらったのではないか、とする説もある（鈴木高弘「無人嶋・ボニン諸島・小笠原島」『東京都立小笠原高等学校研究紀要』第五号、一九九一年）。もしそうだとすれば、貞任自身も何者かに騙されたか、あるいは自分自身をも騙していたことになる。そんなものは実在しないのだから。

## イキマ島の〝誕生〟

### 徐葆光の『中山伝信録』

清康熙《しんこうき》五八年（一七一九）、清朝の康熙帝が派遣した冊封使《さくほうし》が、琉球国王尚敬《しょうけい》の冊封のため、琉球を訪れた。正使は海宝《かいほう》、副使は徐葆光《じょほこう》であった。彼らは八ヵ月間にわたって琉球に滞在したのち、翌康熙五九年に帰国している。

冊封とは、中華帝国の皇帝が、臣従のしるしとして貢物《みつぎもの》を捧《ささ》げてきた（朝貢《ちょうこう》）周辺諸国の首長に対し、その見返りとして「国王」などの位を授けることである。なお、この関係はあくまで君主間の儀礼的な関係であり、皇帝は原則として朝貢国の内政には干渉しないものとされている。

一五世紀に成立した琉球国の王は、明朝や清朝から「琉球国中山王《ちゅうざんおう》」として冊封を受けていた。ただし、琉球は一六〇九年に薩摩藩島津氏の侵略を受けており、以後は、独立国でかつ清朝の朝貢国でありながら、同時に薩摩藩の実効支配下にあって江戸幕府にも朝貢する、という複雑な関係にあった。

康熙六〇年、徐葆光は、このときの見聞録を『中山伝信録』と題して公刊した。同書は、琉球冊封使の記録としては、質・量ともに最も優れたものと評されている。

ところで、同書巻四にある琉球の地理についての説明の中に、次のような一文がある。

〔伊奇麻〕訳曰伊喜間。在太平山東南。〔伊奇麻《イーチーマー》、訳して伊喜間と曰《い》う。太平山《タイピンシャン》の東南に在《あ》り。〕（『和刻本漢籍随筆集　第十五集』古典研究会、一九七七年、所収）

「太平山」とは宮古島の中国名であり、「伊奇麻」は池間《いけま》島（現地の方言では「イキマ」ないし「イキャマ」と発音する）である。ところが、ここで徐葆光は些細だが重大な過《あやま》ちを犯している。池間島は宮古島の南東ではなく、北西に位置するからである。

徐葆光は宮古列島を直接訪れてはいないが、地理的な記述については、琉球側の人士と話し合って確認したことを記している。また、

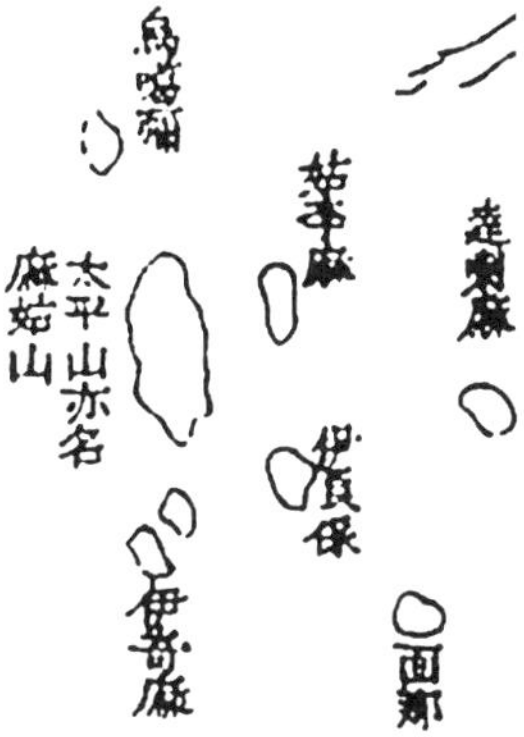


図7　『中山伝信録』所載「琉球三十六島図」（部分．東が上）

図８　ゴービル「琉球覚書」所載「琉球諸島図」（部分）
（『西洋人の描いた日本地図』OAG・ドイツ東洋文化研究協会〔編・発行〕，1993年）

同書には「琉球三十六島図」という地図が収録されているが、そこでは「伊奇麻」は正しく「太平山」の北西に描かれている。正しい情報を得ていながら、なぜ説明を間違ってしまったのかは明らかでない。

## ゴービルの「琉球覚書」

一七五一年、北京在住のフランス人イエズス会士アントワーヌ・ゴービルは、『中山伝信録』を参考にして琉球に関する記事を取りまとめ、パリに書き送った。この書簡「中国人が琉球諸島と呼ぶ諸島についての覚書《おぼえがき》」は、『イエズス会士書簡集』第二八巻（一七五八年刊）に収録され、公刊されている。この「琉球覚書」は、琉球についての貴重な資料として、当時のヨーロッパでは広く参照されることになった。

ところでゴービルは、琉球の地理について触れたくだりで、『中山伝信録』に倣《なら》って、「イキマ」（Ykima）を「太平山《タイピンシヤン》の南東」と記している（矢沢利彦〔編訳〕『イエズス会士中国書簡集　5　紀行編』平凡社、一九七四年)。

さらに、この書簡につけられた「琉球諸島図」を見ると、イキマ島は太平山《タイピンシャン》の南東に、東西に細長い島として描かれている。どうやらゴービルは、『中山伝信録』本文の記述にあわせて、地図の方を〝訂正〟してしまったらしい。なお、イキマ島の北東に、もう一つ小さな島らしきものも描かれている。

こうして、いわば徐葆光の間違いをゴービルが上塗りする、という形で、宮古島南東海上のイキマ島が誕生してしまった。その後、宮古島の北西に池間《イキマ》島という島が存在することが知られるようになってからも、イキマ島はそれとはまったく別の島として地図に描かれ続けることになる。

# イギリス人と北太平洋

## アンソンの航海

一七三九年一〇月、イギリスはカリブ海域におけるスペインの貿易独占状態の打破を目的として、スペインに宣戦布告した。この戦争は「ジェンキンスの耳戦争」という奇妙な名で知られている。開戦の口実となったのが、一七三一年にロバート・ジェンキンスというイギリス人船長が、カリブ海でスペインの沿岸警備隊に捕まって片耳を切り落とされた、という事件だったからである。この戦争は、やがてヨーロッパ本土での大戦争（オーストリア継承戦争、一七四〇〜四八年）へと拡大していく。

このときイギリスは、小艦隊を太平洋海域に派遣して、太平洋を航行するスペインの商船を攻撃させようとした。ジョージ・アンソン代将の率いる八隻の艦隊は一七四〇年九月にイギリスを出帆し、翌年、太平洋に入った。一七四三年六月二〇日、アンソンはアカプルコへと向かうガレオン船ヌエストラ・セニョーラ・デ・コバドンガ号をフィリピン沖で襲撃し積み荷を奪うことに成功、一七四四年六月、本国に凱旋帰国した。もっとも、帰国できたのは一隻だけで、しかも全乗組員の九割以上が壊血病などで命を落としている。

## アンソン海図の謎

このときアンソンがコバドンガ号から奪った積み荷の中に、北太平洋の海図が含まれていた。これによって、それまで国家機密とされていたスペイン製海図の内容が広く知れわたることになる。ただし、その内容は極めて混乱したものであった。

たとえば、この海図では、まず、房総半島のほぼ真南に「サン・アレクサンデル」(Sn. Alexander)・「ファラリョン」(Farallon、小島)・無名島の三つの島が南北に並んでおり、その東方に「ブルカノ」(Vulcano、火山)という島が四つ並んでいる。さらに、その東北には「コルナス」(Colunas、柱)という島々が三つ並んでおり、これまたその東南にも「ディシエルタ」(Dicierta)・「ブルカノ」・「カミラ」(Camira)という島々が三つ並んでいる。フィリップ・フランツ・フォン・シーボルトは、その大著『日本』(一八三二〜五二年)の中で、日本近海の正体不明の島々について詳しく論じている。その中で彼は、この四つのグループはすべて同じ島々、すなわち火山列島であり、それが経度測定の誤りによってさまざまな位置に描かれてしまったものだ、と断定した。シーボルトによれば、この海域に実際に存在するのは、ボロジノ（大東）諸島、火山列島、それにロザリオ島（西之島）とボニン諸島（小笠原群島）の三つのグループだけであり、それ以外の島々は、そのほとんどがこの三諸島の位置を誤ったものにすぎない（中井晶夫〔訳〕『日本』第一巻、雄松堂書店、一九七七年）。後述するように、シーボルトの時代には南鳥島の存在はまだほとんど

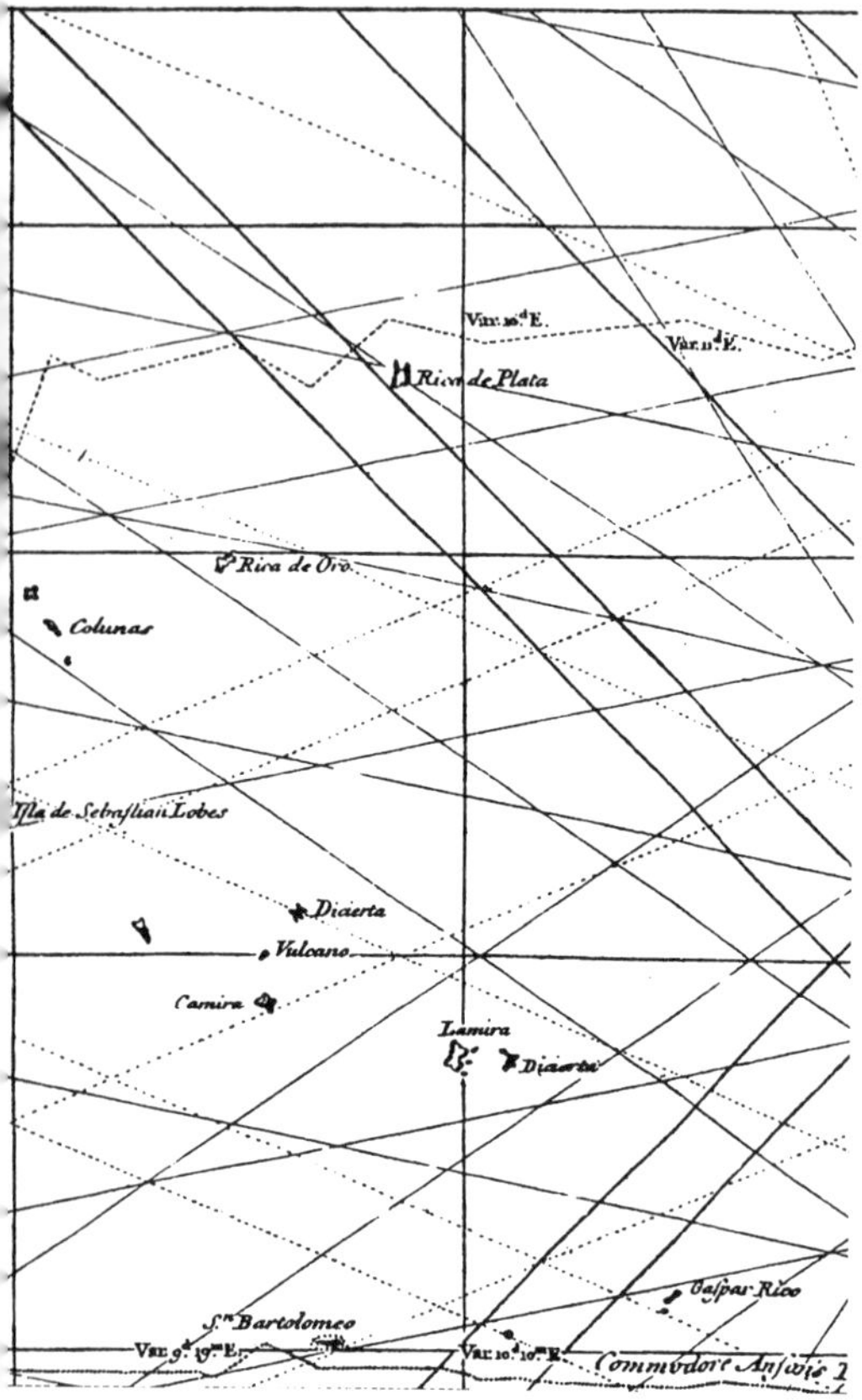

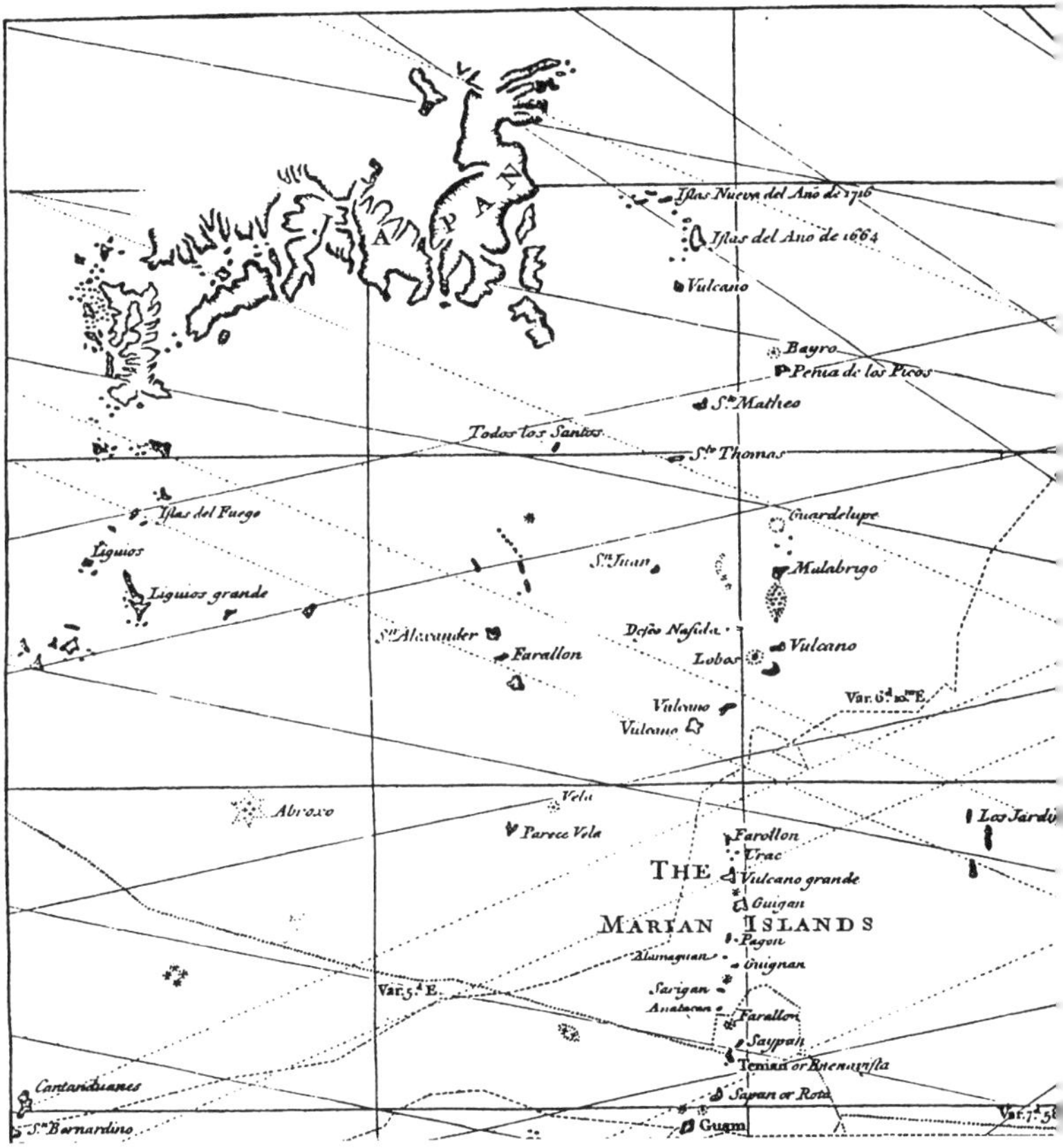


図９　アンソン海図（Dahlgren 1916. 部分）

知られていなかったのだが、その点を除けば、ほぼ妥当な見解であろう。

これは一つの島が複数あるものと解釈されてしまった例であるが、逆に、複数の島が混同されて同じ名前で扱われたのではないか、という可能性も指摘されている。たとえば中村拓は、トーレの〝発見〟したアブレオジョス島は沖大東島だが、その後にスペイン製海図に描かれたアブレオジョス島は沖ノ鳥島だ、と主張している。

いっぽう、いったい何が原因なのかはっきりしない混乱もある。ロス・ジャルディン諸島が、マリアナ諸島の東方、北緯二一度附近に北上しているのである。この間違いは一八世紀前半のスペイン製海図において発生し、アンソン海図にも引き継がれたものらしい。

当時のスペイン側の基本的な関心はマニラ・ガレオンの維持にあり、したがって、それと直接関係しない島々についての関心は薄かった。彼らはハワイ諸島の存在にすら気付いていなかったのである。アンソン海図に見られる混乱は、こうした関心の低さを反映しているともいえよう。

## クロノメータの発明

多くの航海者や地図製作者を困惑させ、海図上に数多くの混乱の種をばらまいてきた経度測定問題は、一八世紀後半になって、ようやく解決を見る。

一七世紀はじめ、ガリレオ・ガリレイは、自らの発見した木星の衛星を利用して経度を測る方法を考案した。この木星法は、一七世紀半ば、イタリア出身でフランスに帰化した天文学者ジョヴァンニ（ジャン）・カッシーニによって実用化され、地上の測量では大きな威力を発揮することになった。しかし木星法は、木星を観測できる時期が限られていることや、揺れる船上での観測が難しいことなどから、航海では使いものにならなかった。

一八世紀には、月と太陽や恒星との見かけの位置関係から経度を求める「月距法」が有望視されるようになった。この方法は実用に耐えるものであったが、正確な星図と月の運行表を用意しておく必要があり、しかも、月が見えなければ測定できない、という欠点があった。

イギリスの時計職人ジョン・ハリスンは、精密で持ち運び可能な機械式時計（クロノメータ）さえ作ることができれば経度問題は解決できる、と考えた。彼は、一七三五年にクロノメータ・ハリスン第一号（H１）を開発したのち、四半世紀もの歳月をかけてその改良に取り組み、ついに一七五九年、その最高傑作となったH４を完成させた。一七六一～六二年の実験で、H４は八一日間の航海でわずか五秒（経度にして一分二五秒）の誤差、という好成績を出している。ジェイムズ・クックは、第二回航海（一七七二～七五）でH４のレプリカを使用し、その優れた性能を讃《たた》えた。

もっとも、このハリスン・クロノメータにも、複雑すぎて量産ができないという難点があった。しかし、ともかく、船上でも実用に耐える機械式時計が製造可能である、ということを実証した意義は大きかった。その後、一七八〇年代に量産技術が確立され、これによってクロノメータは広く普及していくことになる。

## クックとラッコの毛皮

一七七六年、クックは第三回航海に出発した。この航海の主な目的は、太平洋から北アメリカ大陸の北を通って大西洋に抜ける、いわゆる「北西航路」を開拓することであり、そのため北太平洋が探検航海の対象となった。

一七七八年、クックは、確実な記録に残っているヨーロッパ人としては初めて、ハワイ諸島を訪れた。さらにその後、北アメリカ大陸西岸、ヴァンクーヴァー島の西岸にあるヌートカ湾《サウンド》に到達したクックは、その近海にラッコが大量に棲息していることを観察している。

一七七九年二月、クックはハワイで住民との戦闘を引き起こし、非業の死を遂げた。後を引き継いだチャールズ・クラークも八月にカムチャツカで病死したため、最終的にジョン・ゴアが指揮を行うことになる。一〇月にカムチャツカを出航したゴアは、途中で日本の沿岸を観察している。一一月、ゴアは火山列島を視認して、中央の島に「サルファー（硫黄）島」の名を与えた。一二月にマカオに入港したゴアは、この地ではラッコの毛皮

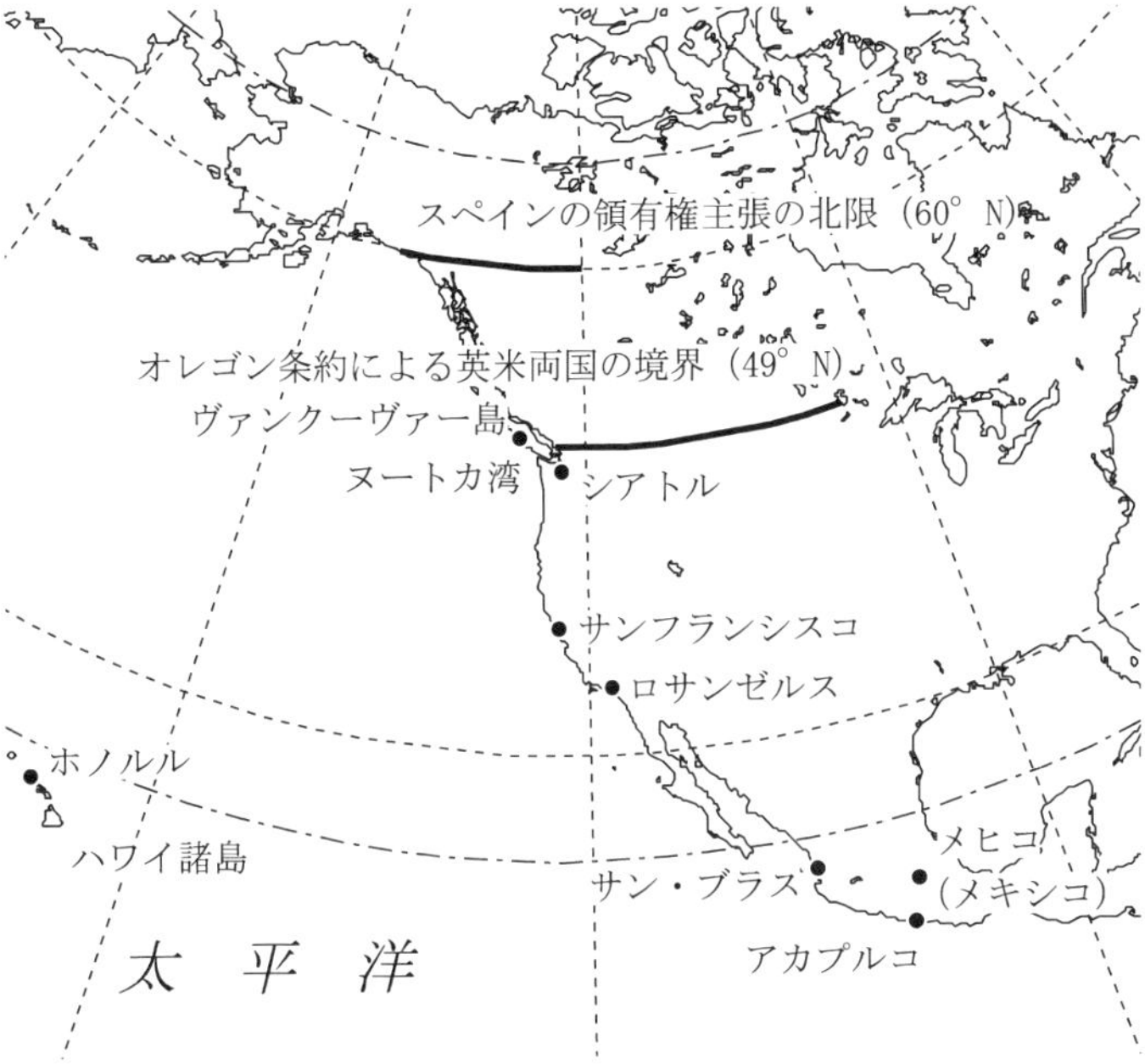


図10　北アメリカ大陸西岸

が高額で取引されていることを知る。このころ北太平洋でラッコを獲っていたのはロシアだけであり、中国では貴重品だったのである。一七八〇年九月、ゴアはイギリスに帰航した。

この航海記が一七八四年六月に公刊されると、数多くのヨーロッパ船が、ラッコの毛皮を求めて北アメリカ大陸西岸に殺到しはじめる。その中には、一七八三年に独立を承認されたばかりのアメリカの商船も混じっていた。

## ロス・ジャルディン諸島の〝再発見〟？

アメリカ独立により流刑植民地を失ったイギリスは、新たなる流刑地としてオーストラリア大陸を選んだ。イギリス本国から派遣された入植艦隊は、一七八八年一月にオーストラリア南東部のボタニー湾に来航、シドニー市を建設する。

この艦隊の中に、ジョン・マーシャル船長のスカーバラ号と、トマス・ギルバート船長のシャーロット号があった。この二隻はその後、茶の買いつけのため中国の広州へと向かう。この途中、彼らはミクロネシア東部の島々を通過している。のちにこの島々は、二人の名にちなんで、北部がマーシャル諸島、南部がギルバート諸島と呼ばれるようになる。

一七八八年七月中旬、彼らは海図上に記載されたロス・ジャルディン諸島の位置に接近した。ギルバートは、その航海記の七月一五日の項にこう記している。

この日、私は自分の位置が、ザ・ガーデンズ［ロス・ジャルディン］と呼ばれる島々から遠くないと考えた。この島々は、いくつかの海図において、ほぼこの緯度に記載されている。観測なし。緯度は計算によれば北緯一二度三〇分、経度は月の観測［月距法］によれば東経一五一度四四分。（Gilbert 1789）

このとき、船内では壊血病が発生していたため、マーシャルとギルバートは休息地を探し回っていたらしい。だが、ついに彼らはこの島々を発見できなかった。七月一八日にマーシャルの兄弟が病死したのを機に、彼らは捜索を断念したらしく、船の針路を変更し、マリアナ諸島へと向かっている。

ところが、イギリスの地図製作者アーロン・アロウスミスは、一七九八年に製作した海図において、この島々に「ジャルディン諸島、スカーバラ号に基づく」と註記してしまった。ここから、マーシャルがこの島々を〝再発見〟した、という誤解が生じてしまったらしい。さらには、この島々に対して、「マーシャル諸島」という、極めてまぎらわしい別名すら与えられることになってしまった。

# グランパス島とヌートカ湾危機

## グランパス島の〝発見〟

マーシャルたちがボタニー湾を出航する少し前のことである。一隻の帆船が日本の南方海上を東へと航行していた。船の名はフェリース号。船長はジョン・ミーアズ（一七五六?〜一八〇九）という元イギリス海軍大尉である。

ミーアズは、中国在住のイギリス商人ジョン・ヘンリ・コックスが一七八五年に設立した「ベンガル毛皮商会」に雇われ、北アメリカ西海岸で住民からラッコの毛皮を買いつけ、それを中国で売る、という仕事に従事していた。ただし、当時のイギリスでは、中国での取引に際してはイギリス東インド会社、アメリカ西海岸での取引に対しては南海会社に、それぞれライセンス料を支払う必要があったのだが、コックスの事業はそれを無視した非合法なものだった。ミーアズは一七八六～八七年に最初の航海を行い、アラスカ沿岸に到達して交易を行っている。

続いて一七八八年、コックスらはフェリース号とイフィジェナイア号の二隻を購入し、二度目の航海を行うことにした。フェリース号にはミーアズ、イフィジェナイア号にはウィリアム・ダグラスがそれぞれ船長として乗り込むことになった。このとき、イギリス当局の目をかいくぐるため、コックスらはマカオのポルトガル商人たちとの合弁企業をでっちあげ、二隻もポルトガル船籍だということにしている。

図11　ジョン・ミーアズ（Meares 1790）

ミーアズの航海記『一七八八・八九年の中国からアメリカ北西海岸までの航海』（Meares 1790）によると、フェリース号は一月二二日にマカオを出港し、ミンダナオ島に寄航したのち北アメリカへと向かった。この途中で、彼はグランパス島を〝発見〟することになる。

## 「不毛な島々」

問題の島が目撃されたのは、四月五日のことである。

……［午後］三時に陸地が北東、前方右手に見えた。……四時半には、我々はその真横、五〜六海里［約九〜一一キロ］の距離にいた。それは島のようだったが、さほど大きくは広がっていなかった。そのときは雨が非常に激しく、また依然として霧が非常に濃く、その陸地に対する我々の観察はかなり不完全なものであった。しかしそれは、この海域でごく頻繁に見つけられている、不毛な島々の一つのようであった。――長さは南北に一五〜一六海里［約二八〜三〇キロ］ほど。海岸へはボートでは近づきがたいように見えた。海岸にそびえたつ険しい岩に、大きな波が打ち付けていたからである。その土地の内陸部は高くなっているようで、わずかな孤立した木々が、下り勾配に、非常に乏しく散在していた。我々は六時まで、この島の海岸に沿って帆走したが、そのとき、もうひとつの島が我々の視界の中に入った。その島は、前の島とは三〜四リーグ［約一五〜一九キロ］の海峡で隔てられていた。風は雨を伴って非常に強く、また霧も非常に濃く、我々は前方に何も見ることができなかった。

……この島々（我々はその数を確認できなかった）はグランパス諸島［Grampus Isles］と命名された。その海岸近くで大きなシャチ《グランパス》が潮を吹き上げているのが見られたからである。それは、この海域では非常に珍しい光景であった。

この日は天測ができなかったようで、ミーアズは、この日正午の船の位置を東経一四六度一二分としているが、緯度については明記していない。ただし、航海記に収録された海図を見ると、グランパス島は北緯二五度一五分・東経一四六度あたりに描かれている。

## 奇岩「ロトの妻」

この四日後（九日）、フェリース号は、巨大な岩が海中にぽつねんとそそり立っている、という異様な光景に出くわしている。

その岩に近づくにつれ、我々の驚きはより大きくなった。船員たちは、なにか超自然的な力が、この岩の形を突然今の形に変えたのだ、と強く信じたがっていた。その岩は「ロトの妻《ロッツ・ワイフ》」［Lot's Wife］という名前を与えられた。……

正午までに我々はこの岩の横に並んだ。そのとき、その岩は東北東四海里［約七・四キロ］に位置していた。北緯二九度五〇分、グリニッジ東経一四二度二三分［航程表および海図では東経一五七度四分に訂正］。

『旧約聖書』によれば、神がソドムとゴモラの町をその罪悪のために「硫黄の火」で滅ぼそうとしたとき、ソドムに住んでいたアブラハムの甥ロトは、天使に導かれ、家族とともに町を脱出した。このとき、神は「後ろを振り向いてはいけない」と警告したのだが、ロトの妻はその禁を破ってしまい、「塩の柱」になってしまったという（『創世記』第一八〜一九章）。ミーアズはこの奇岩を、柱に変身させられたロトの妻に見立てたのであろう。

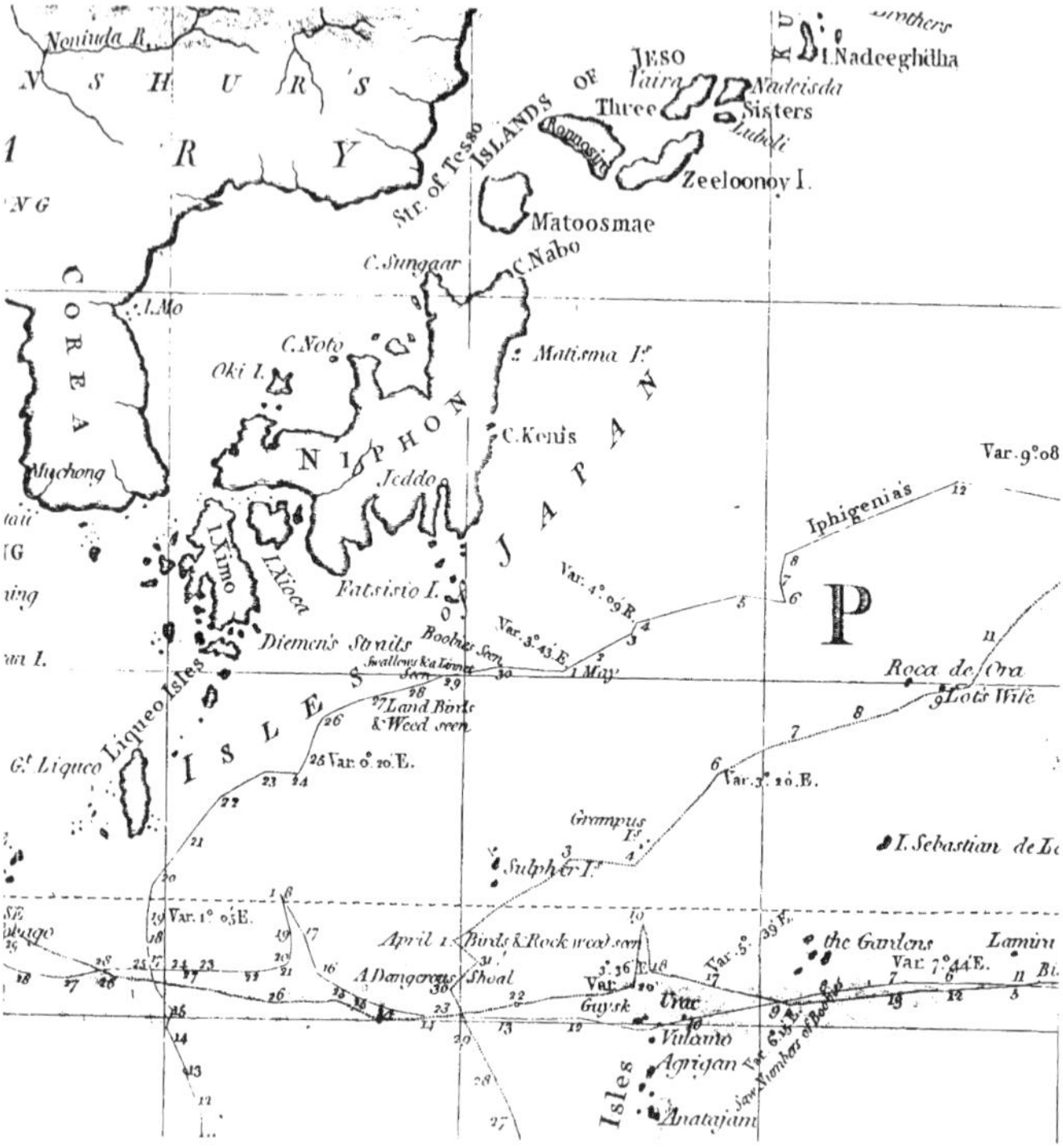


図12　ジョン・ミーアズの海図（Meares 1790. 部分）

図13　フェリース号と「ロトの妻」（孀婦岩．Meares 1790）

## 経度をめぐる問題

ところで、この巨岩は現存しているのだが、その経度は、ミーアズの報告とは大きく異なっている。

北緯二九度四七分三七秒・東経一四〇度二〇分三一秒、鳥島の南方約七五キロの地点に、海中から、標高九九メートルの巨大な岩が突き出している。この岩は「孀婦岩《そうふがん》」と呼ばれている。「孀婦」とは未亡人のことである。『寰瀛水路誌 第一巻上』（一八八五年）や『日本水路誌 第一巻』（一八九二年）には「孀婦岩《ロッツワイフ》一名「リカ、デ、オロ」」とあり、Lot's Wifeを意訳して「孀婦岩」としたことがうかがえる。本来は「やもめいわ」と読むのだが、難読のため音読みで「そうふがん」と読まれるようになったものという（辻村太郎

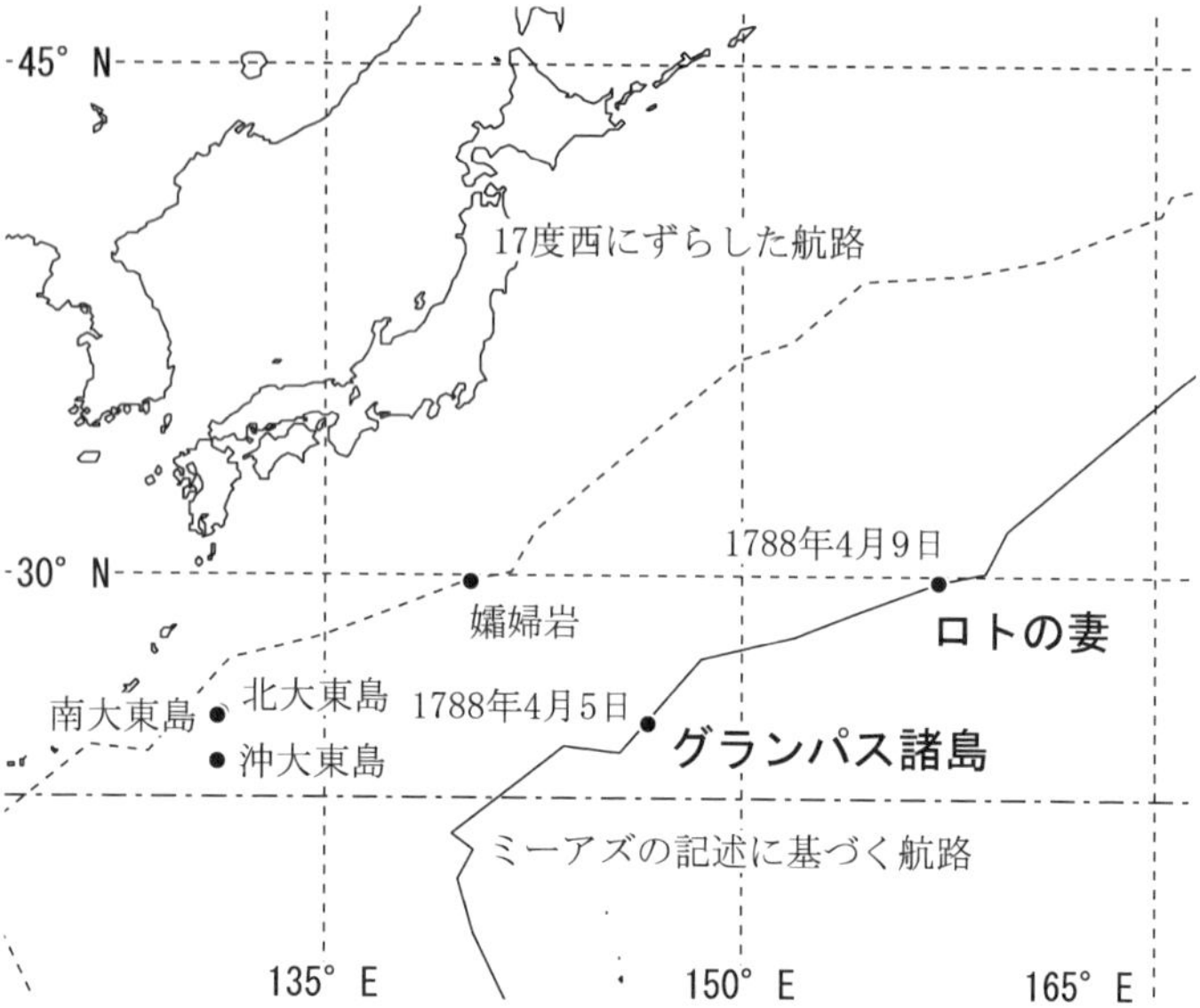


図14　フェリース号の航路

「地名と発音」『辻村太郎著作集 7』平凡社、一九八六年、所収)。もっとも、今日では「そうふいわ」と読まれることも多い。

　この岩はスペイン製海図にすでに描かれているとする説もあるが、確実な最初の記録はミーアズによるものである。ところが彼は、どういうわけか、この岩の位置を実際よりも一七度も東だとしているのである。彼は、船の位置測定について、「船の緯度と経度は推測航法によって記録されたものから読み取ったものであるが、海図上のそれは、正確な観測と、海上で経度を求めるための月距法に基づいて推定したものである」と注記している。つまり、クロノメータによったものではなく、正確さに問題があることを暗に認めているのである。

ここで、試みに「グランパス諸島」の経度をそのまま西に一七度ずらしてみると、そこにはちょうど南北大東島が位置している。ミーアズの描写も、大きさは若干過大であるが(北大東島は一一・九四平方キロ、南大東島は三〇・五七平方キロ)、それ以外は南北大東島と一致する。米国北太平洋探検測量遠征隊(一八五三〜五六)の司令官ジョン・ロジャーズは、この孀婦岩の位置誤認を根拠に、グランパス諸島なるものはボロジノ(大東)諸島の位置誤認にすぎない、と指摘している(Rosser 1870,『寰瀛水路誌 第一巻上』)。

## 大東諸島

大東諸島は、沖縄本島東方海上約三四〇キロの地点にある島々で、南北ふたつの大東島と、南大東島から一五〇キロほど南にある沖大東島の三島から構成される。三島ともに典型的な隆起珊瑚礁で、周囲は断崖絶壁になっており、入り江もなく、上陸には困難がともなう。

この島々は、一六三〇年代から「アムステルダム島」という名で地図に載るようになるが、その由来は明らかでない(中村『御朱印船航海図』)。その後、一八〇七年にフランスのフリゲート艦カノニエル号が沖大東島を確認、一八一五年にはスペインのフリゲート艦サン・フェルナンド・デ・マガリャネス号も同じ島を確認して「ラサ島」(Rasa、スペイン語で「平地」の意）と命名した。また一八二〇年六月、ロシア海軍のザハール・ポナフィジンは南北大東島を確認し、乗艦ボロジノ号の名をとって「ボロジノ諸島」（Borodino）と命名した（Findlay 1886, Welsch 2004. なお、秋岡武次郎「太平洋上の邦領島嶼」『地理学』第六巻第五号、一九三八年、および同『日本地図作成史』鹿島研究所出版会、一九七一年、などはラサ島の命名をカノニエル号によるものとしているが、誤りである）。

## ウフアガリジマ

いっぽう、沖縄には「ウフアガリジマ」という島についての伝承がある。これは、「ニライ・カナイ」伝承の一類型とされている。

ニライ・カナイとは、奄美・沖縄各地で広く信じられている他界伝承で、神々の故郷や死者の赴くところなどとされている。この他界は地底や海底にあるとされることもあるが、一般には東の海のかなたにあるとされることが多い。この他界にはさまざまな呼び名があるが、ウフアガリジマもそのひとつである。琉球語で「ウフ」は「大」、「アガリ」は「東」であり、したがって「ウフアガリジマ」は漢字で表記すると「大東島」になる。もっとも、実在のボロジノ諸島に関する知識が伝説化してウフアガリジマになったのか、それとも、想像上のウフアガリジマと同じ方角にたまたまボロジノ諸島が実在したのか、そのあたりは定かでない。ともかく、「大東島」という島名は、この伝説上の島の名に由来する。

### リカ・デ・オロ島とセバスティアン・ロボス島

ところで、ミーアズの海図を見ると、ミーアズが報告した孀婦岩の位置のすぐ近くに、ロカ・デ・オロ島が描かれている。伝説上の金島である。のち、イギリス海軍のジェイムズ・バーニーは、その浩瀚《こうかん》な太平洋航海史『南海・太平洋航海発見年代記』の第二巻（一八〇六年）において、両者を同じ島だとしてしまった。そのせいで、『寰瀛水路誌』や『日本水路誌』には、孀婦岩の別名としてリカ・デ・オロの名が挙げられることになったのである。

また、ミーアズの海図には、グランパス島の東方に「セバスティアン・デ・ロボス島」（I. Sebastian de Lobos）という島が描かれている。この島はアンソン海図にも見えるが、「セバスティアン・ロボス島」や「セバスティアン・ロペス島」（Sebastian Lopez）などと呼ばれることもあり、その正体ははっきりしない。この島名は、一説によれば、一六四四〜四五年のオランダとの戦闘で活躍した、スペインのセバスティアン・ロペスという提督の名をとったものという（Dahlgren 1916）。ところがその後、この島はいつの間にかグランパス島と同一視されるようになる。

### ヌートカ湾危機

フェリース号は五月一三日にヌートカ湾に到着し、九月まで滞在した。また、イフィジェナイア号も北西海岸各地で交易を行っている。

イフィジェナイア号は翌一七八九年四月に再びヌートカ湾を訪れたのだが、そこへ、スペインの探検船プリンセサ号が現れた。じつは、スペインはこの少し前に探検隊を派遣し、ヌートカ湾を含む北緯六〇度以南の太平洋沿岸地域を、自国領だと宣言していたのである。スペイン側の司令官エステバン・ホセ・マルティネスは、イフィジェナイア号を拿捕《だほ》してマカオへの帰航を要求した。なお、このときヌートカ湾にはジョン・ケンドリック船長のアメリカ船コロンビア号も滞在していたのだが、こちらはなぜか拿捕をまぬがれている。続いて、正規のイギリス船であるプリンセス・ロイヤル号（船長トマス・ハドソン）とアルゴノート号（船長ジェイムズ・コルネット）が入港してくると、マルティネスはこれも拿捕し、さらにサン・ブラス（現在のメキシコのナヤリット州にある港）に連行してしまった。この一連の騒ぎの最中にフランス革命が始まっているが、遠いヌートカ湾にいた彼らは、そんなことを知る由もない。ちなみに、沖ノ鳥島の別名「ダグラス礁《リーフ》」(Douglas Reef) は、マカオに追い返される途中のダグラスが、九月一五日にこの島を目撃したことに由来する。

翌一七九〇年四月、ミーアズはイギリスに帰国し、ダグラスから伝え聞いた情報などをもとに、ことの顚末を伝えた。イギリス本国では対スペイン強硬論が台頭し、ついには宣戦布告寸前にまで至る。イギリスが強硬策に出た裏には、スペインの味方をするであろうフランスが、革命のさなかにあって身動きがとれない、という事情があった。結局、スペインは屈服に追い込まれ、一〇月二八日にイギリスとヌートカ湾協定を結び、アメリカ北西海岸の領有権を放棄した。なお、アルゴノート号は、これに先立つ七月に釈放されている。この一連の騒動を「ヌートカ湾危機」という。

なお、この協定は、無主地先占原則が確立するひとつのきっかけとなった。すなわち、それまでは、ある土地を最初に〝発見〟した国が公式に領有を宣言するだけで、領有権が成立するものとされていたのだが、これ以後は、それだけでは不十分で、領有宣言後も実効支配を続けていることが重要だ、とされるようになったのである。いずれにせよ、現地の住民の意志を無視した上で成り立つ、勝手な話であることには変わりがないのだが。

ちなみに、ミーアズの航海記はこの騒動の最中に出版されたもので、事実をミーアズ自身とイギリス側にとって都合のよいようにねじまげている箇所があることが指摘されている。グランパス島や孀婦岩についての記述にまでそのような問題があるとも考えにくいが、念のためお断りしておく。

## ケンドリック島

ミーアズら毛皮商人たちは、日本とも取引することを考えていた。ダグラスは、のちにケンドリックに雇われ、一七九一年（寛政三）、ケンドリックとともに紀伊大島（現・和歌山県東《ひがし》牟《む》婁《ろ》郡串本町）を訪れた。その目的は中国で売りそこねたラッコの毛皮を売りつけることにあったが、失敗に終わっている（佐山和夫『［新版］わが名はケンドリック』彩流社、二〇〇九年）。また同年、アルゴノート号のコルネットも同じ目的で北九州に来航したものの、やはり失敗に終わった。

ついでながら、古い海図を見ると、沖大東島の東方約二九〇キロの地点（北緯二四度三五分・東経一三四度）に「ケンドリック島」（Kendrick）という島が記載されている。この島はケンドリックにちなんで名づけられたものらしいのだが、その経緯ははっきりしない。この島の正体は、沖大東島の位置誤認と考えられている。

ヌートカ湾協定によっていったん空白地となったアメリカ北西海岸は、その後も係争地となっていたが、一九世紀はじめにスペインとロシアがそれぞれ領有権を放棄し、一八一八年に英米両国の共有地となった。その後、一八四六年のオレゴン条約によって、この地域は北緯四九度線を境として分割され、北部はイギリス領、南部のアメリカ領となった。これにより、アメリカは初めて西海岸に面する領土を得る。

# マッコウクジラとグアノ

ヌエバ・エスパーニャでは一八一〇年に独立戦争が始まり、一八二一年にメヒコ（メキシコ）として独立を達成する。この間、一八一五年にマニラ・ガレオンが停止されている。独立戦争の影響に加え、英米船が盛んに中国に寄港するようになったため、中国との独占貿易ルートとしての存在意義が失われてしまったのである。

## 捕鯨船と小笠原群島

これと入れ替わるようにして、北太平洋に捕鯨船が登場する。一八二〇年ごろ、アメリカの捕鯨船が、日本東方海上に豊かなマッコウクジラの漁場、通称「ジャパン・グラウンド」を発見した。すでに大西洋で油資源としてのマッコウクジラをほとんど獲りつくしてしまっていた欧米の捕鯨船は、以後、この海域に殺到するようになる。この過程で、小笠原《ボニン》群島の捕鯨基地としての価値が〝発見〟されることになった。一八三〇年、欧米人やハワイ人などからなる多国籍集団がピール島（父島）に入植し、小笠原《ボニン》史上初の定住者となった。

やがて英米両国は、小笠原《ボニン》群島を東アジアとの交易基地として活用できるのではないか、と考えるようになる。もっとも、イギリスはアヘン戦争によって香港を獲得し（一八四二年）、またアメリカもペリー艦隊による日米和親条約・琉米修好条約の締結（一八五四年）により、日本と琉球を補給基地として利用できるようになった。そのため両国は、以後、領有権を積極的には主張しなくなる。

## 欧米諸国のイキマ島捜索

こうして、欧米船が日本近海にしばしば出没するようになる中で、日本周辺海域についての欧米製海図は次第に正確なものになり、さらに、それまで海図上に描かれていたいくつかの島々は実在しないらしいことが明らかになっていった。

一八四三年一一月、東・東南アジア各地の測量を行っていたイギリス艦サマラン号（艦長エドワード・ベルチャー）はイキマ島を捜索したが、発見できなかった（安積鋭二〔訳〕「サマラン号の八重山来航記」『八重山文化』第五号、一九七七年）。また、ペリー艦隊も日本近海一帯の水路調査を行っており、一八五六年に刊行されたその公式報告書には「いくつかの海図にはタイピンサン〔宮古島〕の南にイキマ島が描かれているがこの島は存在しない」（オフィス宮崎〔訳〕『ペリー艦隊日本遠征記』第二巻、栄光教育文化研究所、一九九七年）と記されている。

一八五〇年代になると、南太平洋で新たなる資源、グアノ（鳥糞）が発見され、これをきっかけとしてアメリカは太平洋上の島嶼獲得へと乗り出すことになる。

## グアノとリン鉱石

グアノとは、海鳥の糞が堆積して化石化したもので、窒素質グアノと燐酸質グアノの二種類がある。前者は、降雨量の少ない乾燥地に堆積したもので、窒素分に富む。後者は、降雨量の多い高温地帯の珊瑚礁の上に堆積したもので、有機物の分解が進行して窒素が失われ、燐酸の割合が多くなったものである。また、燐酸質グアノは、長期的には風化して珊瑚礁などの石灰岩と結合し、グアノ質リン鉱石に変質する。もっとも、これらの区分は相対的なもので、明確に線引きができるわけではない。これらはいずれも良質なリン資源であり、特に窒素質グアノはそのまま良質な肥料となる。燐酸質グアノやグアノ質リン鉱石は、硫酸分解などの加工処理を行った上で、リン酸肥料として用いられる。

一六世紀にインカ帝国を征服したスペイン人は、ペルー沖の島々に海鳥の糞の山があり、ケチュア族がそれを「フアヌ」と呼んで、良質の肥料として用いていることを報告している。グアノ（guano）とは、この「ファヌ」（huanu）が転訛したものである。このペルー産グアノは、一九世紀はじめ、ドイツの博物学者アレクサンダー・フォン・フンボルトによって欧米に紹介された。一八四〇年にペルー政府はグアノ資源を国有化し、欧米各国に売り込む。特にアメリカでは、大量の肥料を必要としたため、ペルーから莫大な量のグアノを輸入することになった。

## グアノ島法

ところが一八五〇年代になって、南太平洋の離島にもグアノが存在することが知られるようになった。グアノの囲い込みを図ったアメリカ政府は、一八五六年八月一八日付で「グアノ島法」を制定する。これは、アメリカ市民がグアノの堆積している島を発見した場合、その島が他国民によって占領、ないし他国の領有になっていなければ、無主地先占によってアメリカの領土とすることができる、というものであった。

この、一方的にアメリカに都合が良い上に、よくいえば簡素、悪くいえばいい加減な法律は、当然のことながら混乱を引き起こすことになった。一八五九年三月八日付『ニューヨーク・トリビューン』紙は、グアノ島法の適用を申請された四八の島々のリストを掲げている。この島々は、中部太平洋のギルバート・フェニックス・ライン・トケラウ・クックの各諸島に及んでいた。ところが、後でわかったことによれば、この島々のうちグアノが存在するのは、ベイカー島、ハウランド島、ジャーヴィス島などごく一部だけだった。それどころか、このリストの島の一部は、そもそも実在すらしていなかったのである。たとえば、アーサー島、ペスカド島、セーラ・アン島などは存在せず、アン島はスティヴァー島（ライン諸島のヴォストーク島）と同じ島である、といった具合である。グアノ開発による一攫千金を狙った山師たちが、いい加減な根拠にもとづく申請を行った結果であった。

もっとも、こうした状況は、一九世紀末までには終焉《しゅうえん》を迎える。フロリダ州で生物起源の堆積性リン鉱石が発見されたことや、化学肥料が実用化されたことに加え、乱開発によりグアノを掘りつくしてしまったことが大きかった。ただし、これと入れ替わるようにして、ミクロネシアのナウル島やバナバ島などで膨大な量のグアノ質リン鉱石が発見され、二〇世紀末まで掘削が続けられることになる。

## 疑存島の運命

ひとまず確認しておこう。ロス・ジャルディン諸島、イキマ島、グランパス島は、いずれも、実在する島がさまざまな事情から間違った場所に記載されてしまったものである。また、アブレオジョス島は曖昧なデータに基づいて記載された島であるため、どこの島なのか特定できなくなってしまったものといえるだろう。

もっとも、さすがに一九世紀後半にもなると、こうした疑存島の運命は風前の灯《ともしび》となる。一八七五年、英国海軍水路部は、太平洋の海図から一二三もの島々を抹殺した（もっとも、そのうち三つは後で実在していたことが判明する）。このとき、日本近海ではリカ・デ・プラタ島、コルナス島、デシエルタ島、マーガレット諸島などが削除されている。しかし、いったん海図に載ったものを完全に消し去ることは難しい。その後に作られた各国の海図や水路誌の中にも、これらの島々を記載しているものは存在する。

さらに、こうした疑存島をめぐっては、さまざまな噂話が出回るようになる。今まで誰も上陸した者はいないが、海図に載っているからには何か根拠があるに違いない。じつはひそかに上陸した者がある。極めて豊かな島なので、発見して開拓すれば大儲《もう》けができる……。そうした状況については、次章以下で見ていくことにしよう。

# 「南進」の夢想と現実

## 小笠原と琉球

### 咸臨丸の小笠原派遣

江戸幕府は、「無人嶋」を日本の一部として認識していた。もっとも、江戸時代の日本には（同時代の清朝や朝鮮についてもいえることであるが）、近代国際法的な意味での「領土」や「国境」といった概念はまだ存在していなかった。

ところが、開国によって欧米諸国との交渉を始めた幕府は、近代国際法の論理を知らされる。それによれば、地理的に近い、というだけでは、領有権を正当化する根拠にはならない。また、過去にある土地の領有を宣言したことがあったとしても、その後に継続的な統治を行っていなければ、領有権は放棄されたものと見なされることになる。おまけに、「無人嶋《ボニン》」にはすでに外国人が住みついているうえ、英米両国が領有権を主張しているという。

こうした事態に危機感をいだいた幕府は、文久元年（一八六一）、一六七五年以来〝中絶〟していた「小笠原島」の開拓〝再開〟を決定した。「小笠原島」という島名は、このとき初めて公式に採用されたものである。幕府は、この島々が古くからの日本領であったことを〝証明〟するため、あえて、かつて幕府自身が否定したはずの小笠原貞頼発見説を持ちだしたのである。同年一二月（一八六二年一月）、外国奉行水野忠徳《ただのり》は自ら咸臨《かんりん》丸で「小笠原島」に赴《おもむ》き、入植者に対してこの島々が日本領であることを通告した。

さらに幕府は、実効支配の確立をはかるため、文久二年八月（一八六二年九月）には朝《ちょう》陽《よう》丸を派遣し、八丈島で募集した移民を父島に送り込んだ。ところが、これとほぼ同時に薩摩藩によるイギリス人殺傷事件（生麦事件）が発生、日英関係は戦争寸前の危機に陥る。日本人入植者の安全が保障できないと判断した幕府は、文久三年五月（一八六三年六月）に朝陽丸を再派遣し、入植者を撤退させた。

なお、このときの入植者の中に、八丈島の玉置《たまおき》半右衛門（一八三八〜一九一〇）という大工がいた。のちに鳥島と南大東島の開拓で巨富を築き上げ、近代日本の南方進出に大きな影響を与えることになる人物である。

## ロベルトソン号の遭難

明治維新後の明治五年（一八七二）、日本政府は琉球国王・尚泰《しょうたい》を「琉球藩王」とした。琉球国廃絶の第一歩である。

一八七三年、福建省の福州を出航したドイツのスクーナー商船R・J・ロベルトソン号が、東シナ海で台風に遭遇した。航行不能になったロベルトソン号は宮古島の南で座礁し、島民に救助された。翌一八七四年三月、ドイツ皇帝ヴィルヘルム一世は、島民の救助行為を讃え、現地に記念碑を建設するため、軍艦ツィクロープ号を派遣する。ツィクロープ号は横浜、那覇を経由して宮古島に到着し、ただちに記念碑を設置、ヴィルヘルム一世の誕生日である三月二二日に除幕式を執り行った。ちなみに、この逸話はその後、一九三〇年代に日本とドイツが接近する中で、博愛の精神を示す〝美談〟として〝再発見〟され、国定修身教科書に取り上げられたりしている。

ところで、英国海軍水路部が一八八四年に発行した『シナ海水路誌』第二版第四巻の「イキマ島」（Ykimah island）の項には、次のような記述がある。

ドイツ軍艦ツィクロープ号のフォン・ライヒェ艦長の報告によれば、現地住民のいうところによると、彼等がオウミ・アカ・シマ［Oumi Aka sima］と呼ぶこの島は実在しており、いくつかの島々からなるグループで、その最大のものは高さおよそ三〇〇フイート［約九一メートル］だという。（Jarrad 1884）

「オウミアカシマ」とは何か。似たような地名を捜してみると、最後の琉球冊封使録である趙新《ちょうしん》の『続琉球国志略』（一八六七年成立・一八八二年刊）に、「久米赤島」という島名が見える。これは尖閣諸島の大正島の旧名で、琉球語では「クミアカシマ」と発音する。あるいはフォン・ライヒェは、この宮古島の北西沖にあるクミアカシマのことを、オウミアカシマと聞き違えた上、徐葆光と同じように方角を取り違え、イキマ島の別名だと考えてしまったのではなかろうか。ちなみに、大正島の最高地点は標高七五メートルである。

## 尖閣諸島

尖閣諸島は、八重山《やえやま》列島の北方約一五〇〜一六〇キロの地点に位置する島々で、最大の島である魚釣島（釣魚《ちょうぎょ》島、釣魚台）のほか、北小島・南小島・久場島（黄尾嶼《こうびしょ》）・大正島（赤尾嶼《せきびしょ》）の各島と、いくつかの岩礁から構成されている。この島々は現在、日本が実効支配下においており、沖縄県石垣市の所属としているが、中国（中華人民共和国）と台湾（中華民国）も、台湾省宜蘭《ぎらん》県頭城鎮《とうじょうちん》に所属する島々だとして領有権を主張している。そもそも島名自体も問題で、中国側では「釣魚島及其附属島嶼」（釣魚島および附属の島嶼）、台湾側では「釣魚台列嶼」と呼んでいるのである。

なお、「尖閣諸島」という地名の成立事情はいささか複雑である。英国製水路誌においては、現在の北小島と南小島のみを指して「ピナクル」（Pinnacle、小尖塔、また山頂、頂点の意）と呼んでいた。『台湾水路誌』（一八七三年）は、この「ピナクル・アイランド」を訳して「尖閣島」としており、また『寰瀛水路誌 第一巻下』（一八八六年）は、「ピナクル・グループ」を訳して「尖閣群島」としている。ところが、これがその後に拡大解釈され、魚釣島や久場島なども含めた呼称として用いられるようになったのである。

この島々は、琉球と中国とを往復する船の航海上の目標として、古くから知られていた。現存最古の琉球冊封使録である陳侃《ちんかん》の『使琉球録』（一五三四年）には、すでに「釣魚嶼」「黄毛嶼」「赤嶼」という島名が見える。もっとも、小さくて使い道のなさそうな島であり、一九世紀末まで入植が試みられた形跡はなく、何らかの形で実効支配が及ぼされた形跡もない。ただし、中国・台湾側は、この島々は『使琉球録』の時代にはすでに中国側の島として認識されていた、と主張している。

## 小笠原群島の編入

一八七五年（明治八）一一月、日本政府は灯台巡視船・明治丸を小笠原に派遣し、島民に対し日本による領有を通告、さらに翌一八七六年一〇月、欧米各国の公使に対しても領有を通告した。小笠原はひとまず内務省の管轄下に置かれ、内務省出張所が設置された。ちなみに、このとき玉置半右衛門は小笠原に再渡航し、官舎の建設や食糧の調達などといった公共事業を請け負っている。

なお一八七八年一月、伊豆諸島は静岡県から東京府に移管された。さらに一八八〇年一〇月、小笠原が内務省から東京府に移管され、小笠原島東京府出張所が設置された。これにより、伊豆・小笠原島弧を東京府の管轄下とする制度が確立する。一八八六年一〇月には、地方官官制（明治一九年勅令第五四号）に基づき、行政官として小笠原島司《とうし》が置かれ、一一月には東京府出張所が小笠原島島庁と改称されている。島庁は離島部を管轄する特別な役所（その長官が島司）で、東京府のほか島根・長崎・鹿児島・沖縄の各県に設置例が見られる。

**「南洋群島買収建議」**

一八七六年（明治九）、駐英公使上野景範《かげのり》はスペイン・ポルトガル両国を訪問することになった。このとき、駐露公使の榎本武揚《たけあき》（一八三六〜一九〇八）は、上野に対して、スペイン側に「ロドロン島」（マリアナ）を日本が買収できるかどうかを打診してほしいと依頼している。上野は、同年四月にスペイン外相ドン・フェルナンド・カルデロン＝コリャンテスと会談した際、この話を非公式に持ち出して好意的な返答を得たと報告した（『日本外交文書』第九巻）。

榎本は、戊辰戦争では海軍副総裁・「蝦夷島総裁」として、新政府に最後まで抵抗を続けたことで知られ、また、維新後は開拓使出仕として北海道開拓を手がけ、さらに駐露公使として日露国境問題の解決に尽力、樺太・千島交換条約（一八七五年）の締結にこぎつけている。しかしその後、榎本は「南洋」方面に強い関心を示すようになる。

上野の打診結果を受けて、榎本は、樺太・千島交換条約で得た償金を利用して「ラドローン群島」（マリアナ）と「ペリュー群島」（パラオ）をスペインから買収する、という趣旨の「南洋群島買収建議」を岩倉具視《ともみ》右大臣に提出した（高村聰史「榎本武揚の植民構想と南洋群島買収建議」『国史学』第一六七号、一九九九年）。

一九世紀のスペインは、クーデタや内乱が慢性的に頻発する状況にあった。特に、一八六八～七四年は「革命の六年間」と呼ばれる動乱期で、王朝交替、共和制移行、王政復古とめまぐるしく政体が代わっている。榎本は、この状況を領土買収の好機と見たのである。もっとも、危機的状況という点では、日本もそれほど変わるものではなかった。一八七六年には廃刀令と秩禄処分が相次いで施行され、特権を剝奪された士族が次々と叛乱を起こしており、また、地租改正によって税負担の重くなった農民たちも、各地で大規模な一揆を起こしている。榎本の提案には、こうした叛乱を起こした政治犯を新植民地の開拓に利用する、というものも含まれていたが、そもそも、このような状況下で植民地の獲得に乗り出す、ということ自体に無理があったというべきだろう。

## 琉球国の廃滅

一八七九年（明治一二）三月、日本政府は軍隊・警官隊を沖縄本島に派遣して琉球側の抵抗を抑《おさ》え、琉球藩の廃止と沖縄県の設置を強行した。ここに琉球国は名実ともに消滅することになった。

もっとも、この処置はただちにすんなりと受け入れられたわけではなく、以後、しばらくの間、沖縄県政に対する不服従運動が各地で続くことになる。また、清朝に亡命し、清朝の力を借りて王国を復活させようとした琉球人も少なくなかった。さらに、朝貢国を一方的に吸収合併された形になった清朝にとっても、この事態は決して黙視できるものではなかった。外交交渉の結果、一八八〇年一〇月、旧琉球国の西半分、先島諸島（宮古列島と八重山列島）を清朝に割譲し、その代わりに日本は清朝から欧米諸国並みの通商権を得る、という「琉球分島条約案」がいったん妥結された。しかし、亡命琉球人たちは、先島諸島だけでは王国の再建は不可能だ、と激しく反発する。そのせいもあり、清朝側は土壇場になって正式な調印を中止し、この条約はそのまま立ち消えとなってしまった。以後、日清戦争までの間、琉球の帰属問題は、日清間の重大な未解決問題としてくすぶり続ける。

# 沖縄近海の無人島探検

## 太平洋の分割競争

一八六〇年代に入ると、欧米諸国の商人たちはミクロネシアに進出を始める。北太平洋の鯨が減少してきたため、それに代わる油資源として、ミクロネシア産のココヤシから採れるコプラ油に注目が集まったのである。ドイツ系商社とイギリス系商社がカロリン諸島への進出を始め、遅ればせながらカロリン諸島に対する支配を強化しようとしたスペイン、プロテスタント宣教師を盛んに派遣していたアメリカ、そして島民たちとの間に、紛争が生じ始める。

一八七一年（明治四）に成立したドイツ帝国は、植民地分割競争に最後の段階で割り込み、一八八四年一一月にはニューギニア島北東部の領有を宣言した。一八八五年八月、スペインはカロリン諸島の占領のためヤップ島に軍艦を派遣する。ところが、その直前にドイツがスペインを出しぬいてヤップ島を占領、さらに九月から一〇月にかけてマーシャル諸島を占領してしまう。結局、同年一二月、ローマ教皇レオ一三世の仲裁に基づき、カロリン諸島をスペイン領、マーシャル諸島をドイツ領とすることが取り決められた。ドイツは翌一八八六年四月にイギリスとも勢力圏分割協定を結び、マーシャル諸島・ナウル島などがドイツ側、ギルバート諸島・バナバ島などがイギリス側とされた。イギリスは一八九二年にギルバート諸島を保護領化している。

## 南進論の登場

近代日本において、一八八五年（明治一八）前後はひとつの転換点にあたっている。

農村経済は松方正義《まさよし》大蔵卿（のち蔵相）のデフレ政策のために大きな打撃を受け、政府による弾圧と相まって自由民権運動は混迷する。一八八四年一〇月には自由党が解党し、また秩父事件が引き起こされている。当時の国内産業は、疲弊した農村の労働力を吸収しきれるほどの力を持っていなかったため、政府は移民政策をとることになり、一八八五年一月には最初のハワイ官約移民を送りこんだ。そして、一八八六年ごろからは近代資本主義企業の勃興が始まる。

いっぽう一八八四年一二月、朝鮮において、日本の支援する急進開化派のクーデタが清朝の介入で阻止される事件（甲申政変）が起き、朝鮮における日本の影響力は失墜する。

日本の朝鮮への政治的進出はいったん阻止された格好となり、日本国内では、清朝に対抗できるだけの軍事力を持つべきだ、とする声が高まることになった。

このような状況を背景として、一八八七年（明治二〇）前後から、日本人の「南洋」進出を主張する「南進論」と呼ばれる議論が台頭してくる。

ここでいう「南洋」は、太平洋の別名であるSouth Seaの訳語と考えられ、オセアニアとほぼ同じ範囲を指す。一九世紀にはオセアニアの範囲は現在よりも広く、「マレーシア」（現在の独立国マレーシアではなく、島嶼部東南アジア全域を指す）や小笠原群島なども含んでいた。当時の新聞報道を見ると、鳥島や大東・尖閣諸島なども「南洋」の島と見なされていたことがわかる。

**石沢兵吾の大東・尖閣探検**

一八八五年、沖縄県令の西村捨三は、山県有朋《やまがたありとも》内務卿から、沖縄県近海の無人島について調査すべし、との内命を受けた。

西村県令はまず、同年八月に沖縄県五等属の石沢兵吾（一八五三～一九一九）に命じ、南北大東島に領有権を示す「国標」を設置させることにした。石沢らは、日本郵船の汽船・出雲丸（林鶴松船長）をチャーターして大東諸島に向かい、八月二九日に南大東島に上陸して「沖縄県管轄南大東島」の国標を設置し、ついで二日後には北大東島にも同様の国標を設置した。現在、これが両島の領有宣言と見なされている。

ついで同年一〇月、石沢は同じく出雲丸で「魚釣島」「久場島」「久米赤島」の調査を行った。ただし、このときは国標の設置は行われていない。というのも、この時点では、これらの島々が清朝側の冊封使録などにある「釣魚台」「黄尾嶼」「赤尾嶼」と同じものなのかどうかすらはっきりしておらず、仮に同じだとすれば（その通りなのだが）、清朝側が領有権を主張してくる、という可能性が懸念されたからである。

ところで石沢は、同年一一月四日付の調査報告書の中で、次のように述べている。

> 海軍水路局第一七号の海図によれば、宮古島の南方およそ二〇海里［約三七キロ］をへだてて、イキマ島と称し、長さおよそ五海里［約九・三キロ］、幅二海里［約三・七キロ］くらいにして、八重山の小浜《こはま》島［西表《いりおもて》島と石垣島の間にある島。面積七・八四平方キロ］に近いものを載せていわく、「『イビ』氏［E・B、すなわちエドワード・ベルチャーのことか］はこの島の探索に力をつくしたが、ついに発見できなかったという」とあり、また、英国出版の日本・台湾間の海図にもIkima《イキマ》（Doubtful《ダウトフル》）［疑わしい］と記し、その有無を疑いの間に置いています。それから、今回八重山列島に行ったときに、土地の者の言うところによれば、昔、波照間《はてるま》島の一つの村の村民が、残らずその南方のある島に移転したそうです。その有無ははっきりしませんが、今でもこの島を南波照間島と称して、その子孫が連綿と続いていることを信じて疑わないということです。以上

の二つの島は、他日、探求すべきではないかと考える次第です。‡‡（「魚釣島外二島巡視取調概略」、《外務省記録》「帝国版図関係雑件」所収、JACAR B03041152300）

## 南波照間島伝説

波照間島（方言でパティローマ）は八重山列島最南端の島であるが、そのさらに南方に「南波照間」（パイパティローマ）という島がある、という伝説がある。この伝説によれば、かつて重税に耐えかねた波照間島民が、この南の島を目指して逃亡したことがあるという。なお、『八重山島年来記』という文書（『石垣市史叢書 13』石垣市、一九九九年、所収）には、清順治五年（一六四八）に、波照間村のうちの平田村の男女四〜五〇人ほどが「大波照間」という南の島に逃亡した、という記事が見える。この史料は八重山地方の行政記録文書の写しだと考えられており、その内容から、清康熙二四年（一六八五）にいったんまとめられたのち、加筆が行われたものと推定されている。また、八重山列島最西端の与那国島《よなぐに》にも、これとよく似た「南与那国」（ハイドゥナン）の伝説がある。

先島諸島では、一七世紀から一九〇三年（明治三六）まで人頭税が施行されていた。この税制は過酷な重税とされ、各地に悲惨な伝説が残っている。南波照間や南与那国もその一例といえる。ただし、近年の研究では、税率自体は琉球の他の地域と同程度であり、問題は制度自体よりも、むしろ地元役人による中間搾取などにあったのではないか、とする指摘も出されている（沖縄国際大学南島文化研究所〔編〕『近世琉球の租税制度と人頭税』日本経済評論社、二〇〇三年）。

南波照間島については、架空の島説、台湾説、台湾南東沖の蘭嶼《ランユー》説、フィリピン説などさまざまな説が出されているが、いまだその正体はよくわかっていない。ともかく石沢は、イキマ島と南波照間島がもし実在するとすれば、これを発見して領有すべきである、と考えていたわけである。この報告書を受け、西村県令は、翌一一月五日付で、山県内務卿に対し「魚釣島外二島実地取調ノ義ニ付上申」を提出した。西村はその中で、この二島を探索すべきかどうか、ということにも触れている。

## 国標建設の中止

なお、魚釣島等への国標建設については、井上馨外務卿が延期を主張した。当時、清朝の新聞が、台湾近傍の清領の島々を日本が占領した、という風説を載せており、そのような状況下で公然と国標を建設したりすれば、清朝の疑惑を招きかねない、というのがその理由である。このため、一二月五日付で、「目下建設ヲ要セサル」という、井上外務卿・山県内務卿連名の指令が出された。

ちなみに、石沢はのちに沖縄県農商課長として『琉球漆器考』（一八八九年）の編纂を行った。同書は琉球漆器についての古典的研究として知られている。しかし、彼は一八八八年（明治二一）に沖縄を離れており、その後は福島県耶麻《やま》郡長、新潟県刈羽《かりわ》郡長などをつとめたことが知られている程度である（野々村孝男「石澤兵吾」『琉球新報』二〇〇三年一二月一二日付朝刊）。

# 小笠原近海の無人島探検

## 鳥島と火山列島

一八八〇年（明治一三）、玉置半右衛門は八丈島に戻った。一八八三年、長野県出身の民権活動家・松沢求策《きゆうさく》（一八五五～八七）が、従弟《いとこ》の松岡好一《こういち》（一八六五～一九二一）とともに八丈島で「南海開島会社」を設立すると、玉置もこれに協力している。もっとも、同社は三井系の「伊豆七島物産会社」との対立から、翌年には倒産に追い込まれている。

一八八四年、玉置半右衛門は伊豆諸島の物産を東京に運ぶ回漕業を営み始めた。同じころ、野中万助や服部新助・水谷《みずたに》新六などといった、のちにミクロネシアとの交易に手を出す冒険商人たちも、やはり伊豆や小笠原と東京を結ぶ回漕業を営み始めている。

一八八五年一二月、内閣制の発足と同時に、交通・通信事業全般を管轄する省として逓《てい》信省《しん》が設置され、榎本武揚が初代の逓信大臣に就任した。また、翌一八八六年三月には、薩摩藩出身の高崎五六《ごろく》が東京府知事に就任している。この榎本逓相と高崎知事の時期に、それまで無人のまま放置されていた鳥島と火山列島にも、開拓の手が伸び始める。

鳥島は青ヶ島の南南東約二三〇㌔、小笠原群島とのほぼ中間に位置する火山島である。この島は島谷市左衛門がその存在を確認しており、江戸時代を通じて十数例の漂着者が知られている。漂流者たちは、いずれも、この島には大きな白い鳥、すなわちアホウドリが大量に棲息していることを報告している。「鳥島」という島名が、このアホウドリに由来することはいうまでもない。

アホウドリは渡り鳥で、その繁殖期間は一〇月から翌年五月までである。アホウドリはふつう一〇月下旬から一一月上旬にかけて営巣地で産卵し、その卵は一二月末から翌年一月中旬にかけて孵化する。その後に子育てが行われたのち、親鳥は五月上旬から中旬にかけて営巣地を去って北太平洋北部に向かい、残ったヒナも五月下旬から六月はじめにかけて巣立ち、親の後を追うようにして北太平洋北部へと向かう。なお、並はずれた飛翔力をもっている代わりに地上での行動はにぶく、営巣中には人間がたやすく捕まえることができる。このことから「アホウドリ」という失礼な名がつけられたといわれている。

また火山列島は、『寰瀛水路誌　第一巻上』には「サン、アレッサンドロー島」（San Alessandro、北硫黄島）・「硫黄島《サルファー》」・「サン、ヲーガスティノ島」（San Augustino、南硫黄島）という名で記載されている。硫黄島は先述のようにゴアの命名によるものであるが、残り二つは古いスペイン名である。この三島は、一六世紀半ばからその存在を知られていたにもかかわらず、その後三世紀以上も無人のまま放置されてきた。

## 幻の鳥島産グアノ

一八八七年（明治二〇）二月、農学者の津田仙《せん》（津田梅子の父）は、東京府の委嘱を受けて小笠原の物産調査を行った。このとき、帰途に鳥島を目撃した津田は、この島にアホウドリが群舞していることから、グアノが堆積しているのではないかと考え、同年六月十五日付で、東京府に対して鳥島への上陸調査を願い出た。もっとも、この上申は「鳥糞ノ有無不明了［瞭］ナル見込」という理由で「中止」された。このとき東京府は、この島の管轄が定まっていないことを確認している（『東京市史稿　市街篇第七十二』）。

同年八月、津田は嶋喜三郎という人物に依頼して鳥島の上陸調査を行わせた。しかし、嶋が持ち帰った土壌サンプルを解析したところ、予想に反してグアノは堆積していないことが判明する（「鳥島の説」『農業雑誌』第二八五号、一八八七年）。じつのところ、鳥島は活火山であり、しかも降水量が多いため、グアノの堆積には向いていないのである。

いっぽう玉置半右衛門は、九月二九日付で、高崎知事に対して「鳥嶋拝借並《ならびに》ニ定期船御寄島願」を提出し、鳥島を拝借することと、小笠原への定期船を鳥島に寄航させることを求めた。彼は、鳥島にはカヤが生い茂っているので牧場として開拓したい、と申し出ている。

### 明治丸の火山列島探検

同年一一月、横尾東作は、逓信省の灯台巡回船・明治丸をチャーターして、火山列島の調査を行った。この航海は榎本逓相の支援を受けたもので、高崎知事による伊豆・小笠原諸島の視察行を兼ねていた。この航海には帝国大学理科大学（東京大学理学部の前身）助教授の菊池安《やすし》や、依岡省三《よりおかしょうぞう》（一八六五〜一九一二）、服部徹《てつ》、鈴木経勲《つねのり》（一八五三〜一九三八）などが参加しており、さらに、玉置半右衛門と松岡好一らが、東京府の許可を得て、鳥島の上陸調査のために便乗していた。

横尾は元仙台藩士で、横浜で英語を学んだのち藩の英学教授となり、戊辰戦争の際には奥羽越列藩同盟のために奔走し、各国公使に対して不介入を求めたり、榎本武揚に対して同盟側につくよう説得工作を行ったりしている。維新後は神奈川県などに出仕し、のちに警視庁に転じた。先述したように、彼は一八八五年に「南洋公会設立大意」を起草、翌一八八六年二月には公職を辞し、南洋開拓に取り組む決意を明らかにしている。その横尾が真っ先に目をつけたのが火山列島であった。『毎日新聞』（『横浜毎日新聞』の後身、現在の

『毎日新聞』とは無関係）は、横尾のことを「東洋のコロムブス」と書き立てている（一八八七年一〇月二六日）。彼は、火山列島の入植に成功すれば、次はそこを拠点としてマーシャル諸島も「領主なき者は之《これ》を占領する積《つも》り」だったという。

依岡は土佐国（現・高知県）の士族の出で、榎本の知遇を受けて明治丸に乗ることになったという。また鈴木は南洋探検家として知られるが、ホラ吹きの気があることがしばしば問題となっている。彼は、一八八四年から翌年にかけ、後藤猛太郎（後藤象二郎の嫡子）とともに、外務省の委嘱を受けてマーシャル諸島調査を行ったとされる。ただし、鈴木の航海記には、欧米人の進出が進んでいた状況に触れていないことなど、数々の矛盾が指摘されており、近年では、二人が実際に現地に赴《おもむ》いたかどうか、ということすら疑問視されている（高山純『南海の大探検家鈴木経勲』三一書房、一九九五年）。このとき、勝手にマーシャル諸島の領有を宣言して井上外務卿を激怒させたという逸話もあるが、これも鈴木のホラ話である疑いが強い。

一一月一日に横浜港を出港した明治丸は、横須賀・三宅島・八丈島に寄港し、五日に鳥島に上陸、玉置ら一二名を下船させている。その後、父島・母島を経て一〇日に硫黄島に寄港したが、一行はこの島に失望させられることになる。「水なく樹木なく又《また》港湾なく波高く風荒く作物を植え付くるも到底生育の見込みなく」、おおよそ植民の見込みが立たな

図15　志賀重昂
（『志賀重昂全集　第一巻』1928年）

いような島と思われたからである（『朝野新聞』一一月一九日）。さらに南下するかどうかが議論となったが、結局、ここで引き返すことになり、母島・父島を経て一五日に鳥島に接近した。ところが、折悪しく巻き起こった暴風雨のためにどうしても接岸することができず、やむなく寄航を断念することになった。

### 玉置半右衛門の鳥島開拓

一一月一七日に明治丸が帰航すると、新聞各紙はこの航海記を大々的に報じた。ところが、その中で玉置一行の「鳥島置き去り」が明らかとなる。

このとき、一一月二七日付『毎日新聞』に投書を寄せ、玉置らの「一日も速《すみや》か」な「救助」を訴えたのが、四月に『南洋時事』を上梓し、在野の地理学者として論壇にデヴューしたばかりの志賀重昂《しげたか》（一八六三〜一九二七）である。『南洋時事』は、志賀が前年（一八八六年）のコルヴェット艦・筑波艦による太平洋各地への練習航海に便乗したときの旅行記であり、欧米諸国による太平洋分割の状況を紹介するとともに、日本人の「南洋」進出を訴えるものであった。

また、明治丸は八丈島と三宅島に多くの荷物を積み残してきたため、これらの回収を目的として、野中万助らが日本郵船の芳野丸をチャーターして派遣することになった。志賀らが乗船した芳野丸は、一二月一五日に横浜を出港、二二日に鳥島に到着、玉置と松岡を〝救出〟した。ただし、この二人以外は開拓のため島に残っている。

なお、この間に玉置一行は、無断でアホウドリの撲殺と羽毛採取を始めている。このことから見て、牧畜云々は口実にすぎず、玉置の狙いは最初からアホウドリであった可能性が高い（平岡昭利「鳥島開拓と借地継続の経緯について」関西大学文学部地理学教室〔編〕『地理学の諸相』大明堂、一九九八年、所収）。このころ、日本産羽毛はヨーロッパに盛んに輸出されており、布団《ふとん》や、特に女性向けファッションの羽根飾りなどとして盛んに用いられていた。アホウドリは北半球最大の海鳥であるだけに羽毛の量も多く、そのうえ撲殺しやすい。玉置はこのアホウドリの羽毛に目をつけたのである。

翌一八八八年一月六日、玉置は「鳥島拝借御願書」をあらためて東京府に提出した。これとは別に、二月一七日には、魚商の斎藤林三らが、鳥島への渡航と拝借を求める願を提出している。しかし結局、三月一七日付で、東京府は玉置に対して鳥島の拝借を許可した。借地期間は一八九七年一二月までの約一〇年間、しかも地代無料という破格の内容であった。玉置はすぐさまアホウドリの捕獲に乗り出し、一八八九年五月に横浜のドイツ系商社・ウインクレル商会と羽毛の取引契約を結んだ。玉置は数年のうちに巨富を築きあげる。

鳥類学者山階芳麿《やましなよしまろ》の推定によれば、一九〇二年八月までに捕獲されたアホウドリは、「少く見積つても五〇〇万羽はあつたであらう」という（山階「伊豆七島の鳥類」『鳥』第一一巻第五三・五四号、一九四二年）。

ちなみに志賀は、一八八八年四月、三宅雄二郎（雪嶺《せつれい》、一八六〇〜一九四五）・井上円了《えんりよう》らとともに、国粋主義を掲げる思想結社「政教社」を設立、機関誌『日本人』を創刊した。明治ジャーナリズム史にその名を残している。松岡好一は、創刊直後の同誌上で長崎県高島炭鉱の坑夫虐待批判を展開したことで、

# 南洋貿易とグランパス島捜索

明治丸の航海とそれに続く鳥島・火山列島の開拓は、「南進」をもくろむ者たちに大きな刺激を与えることになった。一部の日本人冒険商人たちは、さらに南方、ミクロネシアへの進出を始める。そして、彼らの中には、鳥島や火山列島に続く新たなる開拓地候補として、グランパス島を捜そうとする者たちも現れた。

## 『南洋群島独案内』

一八八八年（明治二一）八月、横尾東作は、A・G・フィンドリー『北太平洋水路誌』第二版（一八七〇年）を抄訳し、『南洋群島独《ひとり》案内』（稲田佐兵衛）として公刊した。同書は、民間発行のものとしては日本初のミクロネシア案内書といわれている。ちなみに、当時の水路誌の常として、同書には「キンドリック島」「パトロシニオ島」「モーレル島」

図16　水谷新六（水谷「無人島に二十三日間漂流」『日本少年』第10巻第13号，1915年）

「クリスポ島」「マルシャル島」（ロス・ジャルディン諸島のこと）「マルガレット島」「グランパス島」など数多くの疑存島についての記事がある。

### 服部新助と水谷新六

一八八九年（明治二二）夏、東京の回漕業者・服部新助（一八四九〜九五）は、三二トンの小帆船「相陽丸《そうようまる》」を、交易のためにミクロネシアに派遣した。相陽丸には水谷新六（一八五〇〜？）という商人が乗り込んでいた。

服部は嘉永二年（一八四九）六月生まれ（《東京府文書》「外国旅券下附人名簿〈東京府〉自明治二三年一月至自明治二七年一二月」622.A 2.09）。下総《しもうさ》国古河《こが》（現・茨城県古河市）の出身で、小笠原で回漕業を営んでいた。また、水谷は嘉永三年（一八五〇）三月、伊勢国桑名郡矢田村（現・三重県桑名市）の農家に生まれている（『朝日新聞』二〇〇八年三月六日三重版、『伊勢新聞』同日付）。彼は明治初年に東京に移って呉服屋で働いていたが、一八八三年に父島に渡って雑貨商を営み、一定の成功をおさめていたという。のちに、『日本之《の》下層社会』（一八九九年）で知られるジャーナリストの横山源之助（一八七一〜一九一五）から、「生命を抛《な》げて無人島の探検に精力を注いだ骨頂と経歴は、何人も及ばない」（横山「無人島発見成功者水谷新六君の半生」一九一〇年、『横山源之助全集 第8巻』法政大学出版局、二〇〇五年、所収）と評されることになる人物である。

このころ、横浜とカロリン諸島の間をスクーナー型帆船で往復していたウィリアムというイギリス人商人がおり、雑貨とコプラ油との取引で利益をあげていた。服部は小笠原でウィリアムと知り合い、カロリン貿易に着目したらしい（西垣次郎＋森川五三郎『最近探検南洋事情』大沢屋書店、一八九九年、樋口和佳子「南洋貿易の「系譜」」『岩波講座東南アジア史7 月報7』岩波書店、二〇〇二年）。水谷らはカロリン諸島のポナペ島（ポーンペイ島）やトラック諸島（チューク諸島）などで交易を行い、タイマイ・ナマコ・鱶鰭《ふかひれ》・真珠・椰子などを得て、一八八九年一〇月に帰国した（『時事新報』一〇月二七日）。もっとも、同年一二月に密告を受け、不開港場規則および商船規則違反の容疑で処罰を受けたという（『郵便報知新聞』一八九〇年五月八日）。なお、水谷本人の後年の回想などによれば、初航海は前年の一八八八年らしいのだが、いずれにせよ、日本商人としては最も早いミクロネシア進出だったといわれている。

## 田口卯吉と南島商会

このころ東京府では、士族授産金の処分が懸案となっていた。士族授産金とは、秩禄処分によって失業状態となった士族を救済するため、新たに事業を起こそうとする士族に政府が貸し付けていた資金である。この制度は、大日本帝国憲法の発布（一八八九年〈明治二二〉二月一一日発布、一八九〇年一一月二九日施行）に合わせ、一八八九年度いっぱいで終了することになっていたのだが、東京府では約五万円がまだ手をつけられずに残っていたのである。

一八八九年一二月、高崎知事は、この授産金を小笠原の水産事業に投資することを思いつき、東京市参事会員兼市会議員の田口卯吉《うきち》（一八五五〜一九〇五）・関直彦・宇川盛三郎《うかわせいざぶろう》の三人に事業を委託しようとした。ちなみに東京市は同年五月に設置されたばかりであり、府知事が市長を兼任していた。しかし、三人はいったん辞退する。

翌一八九〇年一月、依岡省三は、同志とする上田毅門や、服部新助・服部徹・水谷新六らと謀《はか》って、高崎知事に対し、この授産金を使ってカロリン諸島との交易を行うことを提案した。これに心を動かされた高崎は、榎本武揚（森有礼《ありのり》文相の暗殺にともない、一八八九年三月から文相に転任）に依頼して田口らを説得させ、計画の変更を決定する。榎本と高崎は、事業実施の適任者として横尾東作を引っ張り出し、事業会社として南島商会を設立、中古のスクーナー型帆船「天祐丸」（九一トン）を購入した。しかし、給与問題などで話がこじれ、横尾と両服部・水谷らは南島商会を退社する（『郵便報知新聞』五月八日、竹下『横尾東作と南方先覚志士』）。

さらに、この計画がひとたび公表されるや、授産金の私物化だとして、東京府・市政をめぐる一大スキャンダルとなってしまう。各方面からの囂々《ごうごう》たる批難の中、五月一四日に関と宇川は南島商会を退いた。しかし、あくまで初志貫徹を主張する田口は、一五日、自ら天祐丸（宮岡百蔵船長）に乗り込み横浜を出航、カロリン諸島へと向かった。在野の経済学者でもあった田口にとって、この事業は自らが主張する自由貿易論の実践活動でもあった。なお、上田は鈴木経勲らとともに天祐丸に乗り込んでおり、依岡は田口の代理人として東京に残っている。ちなみに、榎本文相は一七日、高崎知事は一九日にそれぞれ更迭されている。特に、高崎の更迭は、一連の事態の責任をとったものといわれている。

天祐丸は、父島を経由してまずグアム島に向かい、そこからカロリン諸島のヤップ島、パラオ諸島、ポナペ島を歴訪、ポナペ島に支店を設置して帰途についた。

**天祐丸のグランパス島捜索**

一八九〇年（明治二三）一一月三日、カロリン諸島東部のポナペ島を出港した天祐丸は、小笠原へ向かう途上でグランパス島の捜索を試みたという。

さて、小笠原群島より東南にあたる一つの孤島があり、無人島にして名をグランパスという。いまだいずれの国にも属さず、位置は北緯二五度一五分・東経一四六度四〇分という。また、アメリカの捕鯨船の船長なにがしの調査には北緯二四度・東経一四七度となっていて、いまだ確実な位置が定まっていない。これまで、この島を発見しようとしてその近海を訪れた者があるけれども、いずれもその目的を達せずに帰った。そういうわけで、もしこの島を発見し、人間の住む島とすれば、世界に一つの陸地を追加するだけでなく、皇国［日本］の名誉となることであって、ことに、小笠原島よりあまり遠いところではないので、人間を移住させるのが容易であることから、ポネピ［ポナペ］島からの帰途、必ずこの島を発見しようとして、田口氏をはじめ船長はもちろん乗組員一同大いに熱心となったが、いかんせん、あまりに東風が強いためにその方位に進路を向けることができず、やむをえず小笠原群島に寄港することになった。‡（井上彦三郎＋鈴木経勲『南島巡航記』経済雑誌社、一八九三年）

天祐丸は一一月一四日に父島に入港、一二月に東京に戻ってきた。しかし、高崎に代わって府知事となった蜂須賀茂韶《はちすかもちあき》と、農商務大臣の陸奥宗光《むつむねみつ》は、戻ってきた田口に対して授産金の返還を要求する。このため、翌一八九一年、南島商会は資金を東京府士族総代会にゆずり渡して解散した。以後、田口はミクロネシアからは手を引く。その後、天祐丸と南島商会ポネピ支店は、旧肥前島原藩主松平子爵家の家令《かれい》であった小美田利義《おみだとしよし》の経営する

「一屋商会」の手に渡っている。

いっぽう一八九〇年一〇月、横尾東作は榎本の支援を受けて「株式恒信会社」を設立した（《東京府文書》明治二三年「庶政要録第一二」618.B 3.14）。同社には野中万助・服部新助・富山駒吉・水谷新六などが参加しており、同年一二月から翌一八九二年八月にかけて、懐遠丸によるミクロネシア巡航を行っている（『青柳徳四郎交易日記』青柳幸治、一九八一年）。

これと並行して、横尾がいったんは見捨てた火山列島についても、新たに開拓を志す者たちが現れた。

## 火山列島の領有

一八八九年六月、田中栄次郎・依岡省三らが硫黄島に上陸し、硫黄の採掘事業などを始めた。田中は硫黄採掘権の確保を求め、東京府に請願を始めるが、その矢先の一八九〇年七月に急死してしまう。その死後、採掘権をめぐって田中の遺族や依岡らと小美田利義らが争うことになる（《東京府文書》明治二五年「庶政要録・工部・試堀」619.C 2.19）。

一八九〇年一〇月三一日、蜂須賀知事は、硫黄島において硫黄の採掘が行われ、借用を出願する者が出ていることから、火山列島の領有権を確定するよう、西郷従道《つぐみち》内相に稟申《りんしん》した。翌一八九一年八月一三日、第一次松方正義《まさよし》内閣はこの島々の小笠原島島庁への編入を閣議決定し、九月九日付（一〇日公布）の勅令第一九〇号「島嶼所属名称ノ件」によって編入した。「北硫黄島」「硫黄島」「南硫黄島」という島名は、このとき初めて公式に与えられたものである。

ただし、陸奥宗光農商務相は、八月一四日に、勅令によって公示することは「不穏当」であり、「明治十八年中所属未定ナリシ大東島及魚釣島ヲ沖縄島ノ所属ト見做《みな》シテ処分シタルノ例」にならって、最初から小笠原島に所属するものと見なしたほうがよい、とする主張を提出している（このとき「魚釣島」の領有は決定していなかったはずだが）。その理由を陸奥ははっきりとは述べていないが、対外感情に配慮したものと思われる。実際、このときスペインの一部新聞は、榎本武揚外相（在任一八九一〜九二年）が移民政策に熱心なことを引き合いに出して、日本がミクロネシアに対して野心を持っている、と騒ぎ立てている（『日本外交文書』第二五巻）。そのため、一一月一六日の閣議決定で、この勅令は新領土の編入ではなく、あくまで「従来帝国ノ所属」であった島々の管轄を決定したものとされた（《公文類聚》第一五編・明治二四年・第三八巻、NAJ 類 00579100-02500,02600）。

こうした問題に配慮したためか、以後の領土編入では勅令は用いられなくなり、また、形式的には、領土内だが所属の定まっていなかった土地の管轄決定、というようにも解釈できるような形がとられることになる。

**「南洋に豊土あり」**　一八九〇年（明治二三）から翌年にかけ、鳥取県人の高本勇という人物がグランパス島の捜索を試みた。このことを報じた一八九一年五月三〇日付『読売新聞』は、「南洋に豊土ありとは近頃の流行語」と述べた上で、この島を次のように紹介している。

ちかごろ説をなす者がある。小笠原島の東南三〇〇海里［約五六〇キロ］の海中に一つの大きな島がある。全面積は小笠原島に比べやや広大な無人島で、いずれの国にも属さず、たまたま捕鯨船が漂着して海岸数歩の地を踏んだにすぎないけれども、土地が肥えているかやせているかはほぼ察することができる。四方の茫漠たる砂原には大きな亀が群遊して、さながら大地が動くかのようだと怪しまれ、非常に小さい山々のふもとには鬱蒼としたパンノキがあり、天然の食料を供給して、あたかも鹿台《ろくだい》［古代中国、殷《いん》の紂《ちゅう》王が財宝をたくわえた倉の名］の半分を見るのと同じである。谷間の冷泉は澄んで飲むことができ、湖の岸辺のよどみは濁って稲を植えるのに十分である。まことに不可思議の豊境、餅が樹に実り、黄金が山間に湧《わ》くというのはこのあたりを言うのであろう、殖産興業には最も適当な場所であって、ひとはこの地をグラムパス島と呼ぶ。‡

この記事によれば、高本は一八九〇年一二月に小笠原島に渡り、同志一四名とともに

「旭丸」という西洋形帆船に乗組み、一二月一四日に小笠原を出発した。しかし、出発から三日ほどして暴風雨に襲われ、十数日間にわたって暗黒の海上をさまようことになった。やがて天候が回復したときにはすでに食料が尽きかけていたため、やむなく引き返すことにし、翌一八九一年一月二〇日に小笠原に帰り着いたのだという。

## 「比叡」のグランパス島捜索

日本海軍のコルヴェット艦「比叡」は、一八九一年（明治二四）九月から翌年四月まで、南方各地の練習航海を行っている。「比叡」は九月二〇日に品川を出航し、最初の寄港地であるグアム島へと向かった。のちに日露戦争中の旅順港閉塞作戦で戦死を遂げ、「軍神広瀬中佐」として喧伝されることになる広瀬武夫は、このとき海軍少尉候補生として航海に参加していた。彼は、その日記の九月二九日の項に、次のようなことを書きとめている。

「ボースンバールド」［ネッタイチョウ］其他《その》二三の鳥を見る。「グランパス」島を去る遠［から］ざるの致《いた》す処《ところ》か。此《この》島の経度緯度、未《いま》だ確然たらずと云《い》ふ。此《この》日正午、北緯二十五度六分、東経百四十八度十分。†（広瀬「航南私記」『広瀬武夫全集　上巻』講談社、一九八三年、所収）

また、この艦には、三宅雪嶺・富山駒吉・松岡好一・依岡省三ら八名の民間人が便乗していた。富山は、同じ日の日記に次のようなことを書きのこしている。

図17　「比叡」便乗の民間人（岡成志〔編述〕『依岡省三伝』．前列左より石森古堯，松岡好一，富山駒吉，安井万吉，後列左より畔上啓策，依岡省三，藤辰治郎，三宅雪嶺）

正午の測量に依《よ》れば「グランパス」島を距《さ》ること三十哩《マイル》〔約五六キロ〕位《くらゐ》に過《す》ぎざれば夕刻に至《いた》れば或《あるい》は之《こ》れを認め得《う》べしとのことなりしが遂《つ》ひに其《その》島影を見ず」（富山駒吉「航南日記」『殖民協会報告』第一号、一八九三年）

後年の回想になるが、三宅雪嶺も、一九二六年（大正一五）一月に行われた依岡の十五年祭において、「英国の海図で南洋にグラムパスといふ所属未定の島があり、誠《まこと》に小さい島でも、之《これ》を見付け出して日本の領土にしなければならぬとて、いろ〳〵探がしに出掛けたのがあるが、どうしても見付けることが出来ませなんだ、恐らく海図が誤つて居《お》つたらうと云《い》ふことです」と語っている。雪嶺によれば、当時、外相であった榎本武揚は「殖民地の為《た》めに好《よ》いことならば尽《つく》さうと云ふ調子でありました」という（三宅雄二郎「所感」大関雄只〔編〕『続南嶋餘芳』近藤正太郎、一九二六年、所収）。雪嶺にとってこの一件は印象の深いものだったらしく、没後に単行本としてまとめられた『同時代史』においても、当時の欧米諸国による太平洋の分割について「日本に多少の衝動あり、唯《た》だ無所属の地なきに悩む」と書いたついでに、「当時の海図には、南洋にグラムパス島あり、無所属なれど、船にて見出だすを得ず」と註記を付け加えている（三宅雪嶺『同時代史　第二巻』岩波書店、一九五〇年）。ちなみに、榎本が一八九三年三月に設立した「殖民協会」には、評議員に田口卯吉・三宅雄二郎・志賀重昂など、また会員に富山駒吉・依岡省三・玉置半右衛門などが名を連ねている。

一八九三年には、唐崎某《なにがし》と北原某がグランパス島を捜索したものの発見できず、その後に北硫黄島に入植を試みたものの、これも失敗したという（山田毅一『南進策と小笠原群島』放天義塾、一九一六年）。

いっぽう同年四月二〇日、アメリカの汽船ロープス号はグランパス島を捜索したが、青天にもかかわらず何も発見できなかった。米国水路部は同年六月にこの件を通知し、これを受けて日本の水路部も、七月一二日付の水路告示第五七九号第一四三四項において、この件を通知した。

## ミニ商社のミクロネシア交易

一八九三年（明治二六）九月二八日付『東京朝日新聞』は、ミクロネシア交易を行っている業者として、横尾東作の「恒信会社」、小美田利義の「日本《ママ》商会」、東京人某（水谷新六？）と土佐人某の「快通商《ママ》会」、野中万助の「湊川丸」、服部新助の「相陽丸」の五つを挙げている（社名については他の文献と一致しないものがある）。彼らはタバコ・シャツ・布・マッチなどといった雑貨と椰子などを取引していた。

小美田の一屋商会は、一八九三年五〜六月にはトラック諸島の王弟だというミクロネシア人を日本に連れてきたりしている。しかし同年八月、小美田は、松平子爵家の内紛にからんで詐欺取財容疑で逮捕されてしまう（のち証拠不十分により無罪。その後、「隆義」と名を改め、政界の裏方で暗躍したという）。このため一屋商会は経営破綻に追い込まれたらしい。いっぽう、同社社員の佐本常吉・小川貞行らは、佐本の郷里である和歌山県西牟婁《にしむろ》郡日置《ひき》村（現・白浜町）の富豪・三本六右衛門から出資金をつのり、一八九三年一〇月から組合事業としてミクロネシア交易を開始、翌一八九四年に南洋貿易日置《ひき》合資会社を設立した（郷隆『南洋貿易五十年史』南洋貿易、一九四二年）。アジア太平洋戦争直前まで活動を続けた、南洋貿易株式会社の前身である。

一八九五年、一屋商会は天祐丸を「金十舎《きんじゆうしや》」という会社に譲り渡して解散した。また、同年に服部新助が死去すると、相陽丸も金十舎に譲渡され、のち「永勝丸」と改称された（西垣＋森川『南洋事情』）。金十舎については不明な点が多いが、舎主は東京の市川喜七という小間物商であり、また、このころコプラ油を原料とする石鹸の製造を行っていた、小林富次郎商店（ライオン歯磨の前身）の小林富次郎が出金者となっていたようである。

なお、横尾東作の恒信会社は、一八九三年一二月にいったん解散し、その後、横尾恒信社として個人経営化された。

# 尖閣諸島開拓とイキマ島捜索

## 「海門」の大東諸島探検

一八九〇年（明治二三）一月一三日、沖縄県知事の丸岡莞爾は、「魚釣島外二島」で漁業活動が活発になってきたため、取り締まりの都合上、管轄権を確定する必要がある、という上申書を山県有朋内相（首相兼任）に提出した。しかし、この上申は立ち消えになってしまう。

一八九一年一一月、沖縄在住の実業家・古賀辰四郎（一八五六〜一九一八）は、沖縄県から大東島開拓の許可を得た。ところが、翌一八九二年三月、沖縄開運《ママ》会社の汽船「大有《たいゆう》丸」をチャーターして南大東島に向かった古賀は、思わぬ障害に出くわす。時化《しけ》と断崖に阻《はば》まれ、どうしても上陸することができなかったのである。その後、何人もの人間が大東島の開拓を出願したが、ことごとく失敗に終わっている。

丸岡知事は、一八九二年一月二七日付で、海軍に対して沖縄県周辺の無人島の調査を要請した。丸岡は、調査対象として「南大東島」「北大東島」「久米赤島」「久場島」「魚釣島」「南風《ハイ》波照間島」「ラサ島」の七島を挙げている。この要請を受け、海軍はスループ艦「海門《かいもん》」（柴山矢八艦長）を派遣することにした。「海門」は八月に那覇に到着したが、直前に県知事が奈良原繁に交替していたこともあって、県側の対応にも混乱があり、どの島を調査対象にするかが問題となった。結局、石沢兵吾による探検がすでになされていることや、南波照間島は所在不明のため短期間では調査不能であることから、調査の対象となったのは南北大東島とラサ島だけであった（「軍艦海門沖縄群島探検 幷《ならびに》 復命書」《海軍省公文備考》明治二五年 JACAR C06090956000, C06090956100）。一八九三年に沖縄各地を踏査した笹森儀助は、「海門」の南波照間探索拒否について、その旅行記『南嶋探験』の草稿で、「元《もと》より所在不明に付《つ》き探検を要請したるに、如斯《かくのごとき》とは何等の冷淡ぞ」†と、憤慨の言葉を書き連ねている（笹森『南嶋探験 2』平凡社、一九八三年。一八九四年刊行の初版では削除）。歴代県知事の南波照間へのこだわり方からも、当時、この島が実在する可能性は高いものと考えられていたことがうかがえる。

一八九三年一一月二日、奈良原知事は、「久場島」と「魚釣島」に「本県所轄ノ標杭」（「国標」から「標杭」に変わった理由は不明）を建設することを、井上馨内相と陸奥宗光外相に上申した。ところが、この上申もしばらくの間留保されている。

## 日清戦争と尖閣領有

一八九四年（明治二七）七月、朝鮮において日清両軍が衝突、日清戦争が始まる。

戦争の帰趨が見えてきたころの一八九五年一月一四日になって、第二次伊藤博文内閣は「久場島」と「魚釣島」を沖縄県の所轄とし、標杭を建設することを閣議決定、一月二一日付で奈良原知事に対して指示を発した。

再三の沖縄県側からの要求にもかかわらず、日清戦争中のこの時期まで決定が先延ばしになった理由は明らかでない。また、この決定に基づいた標杭建設が行われた、という事実は確認されていない。それどころか、沖縄県が二島を編入することを何らかの形で公示した、という形跡もない。もちろん、他国に対する通告などは一切出されていない。

一八九五年四月の日清講和条約（下関条約）によって、日本は清朝から遼東半島と台湾・澎湖群島を割譲されることになった。ただし、ロシア・ドイツ・フランス三国の干渉により、遼東半島の割譲は撤回されている。なお、講和の時点では、日本軍は既成事実作りのために澎湖群島を占領していたものの、台湾の占領はまだ行っていなかった。五月に台湾では割譲に反対する住民たちが「台湾民主国」の独立を宣言、上陸してきた日本軍との戦争に突入する。台湾民主国は半年ほどで崩壊するが、日本の支配に対する組織的抵抗は、その後も長期間にわたって続けられた。

## 日西共同宣言

なお、台湾割譲の結果、日本はスペイン領フィリピンと国境を接することになった。この際、スペイン側から国境確定の提案があり、一八九五年八月七日付で「太平洋ノ西部ニ於《お》ケル日本、西班牙《スペイン》両国版図ノ境界ニ関スル宣言」が出され、両国の境界は「バシー海峡ノ航行シ得《う》ヘキ海面ノ中央ヲ通過スル所ノ緯度並行《へいこう》線」と定められた。

台湾とルソン島との間の海域（ルソン海峡）には、北から火焼島《かしょうとう》（緑島《リユーダオ》）・紅頭嶼《こうとうしょ》（蘭《ラン》嶼《ユー》）・バタン諸島・バブヤン諸島といった島々が並んでいる。バシー海峡は台湾本島および紅頭嶼とバタン諸島との間の海峡で、その中央部の緯度は北緯二一度三〇分あたりである。

ちなみに、紅頭嶼に住むタオ族と、バタン諸島に住むイヴァタン族は、ほとんど同じ言語を用いており、もとは同じグループだったと考えられている。しかし、このときから、両者の間にははっきりとした国境線が引かれることになった。

翌一八九六年（明治二九）二月、依岡と上田穀門は紅頭嶼の開拓を試み、この島への渡航願を台湾総督府に提出している。依岡らは同年八月にも同趣旨の渡航願を提出したが、総督府による調査すらもまだ行われていない時期のことであり、不許可に終わったようである（足立崇「日本統治時代初期台湾の第一次蘭嶼調査に関する研究」『大阪産業大学論集 人文科学編』第一二二号、二〇〇七年）。

### 沖縄県の郡制施行

一八九六年（明治二九）三月五日付（七日公布・四月一日施行）の勅令第一三号「沖縄県ノ郡編制ニ関スル件」により、沖縄県に島尻・中頭《なかがみ》・国頭《くにがみ》・宮古・八重山の五郡が設置された。この勅令で、大東島は島尻郡の所属とされた。なお、この勅令では、八重山郡の範囲は「八重山諸島」とされている。尖閣諸島はこのとき八重山郡に編入されたといわれているが、直接そのことを示した文書は発見されていない。

その後、南小島・北小島・魚釣島・久場島は、一九〇二年一二月に八重山郡大浜間切《まぎり》（間切は一九〇八年まで使われていた沖縄特有の行政単位で、村の上にあたる）に編入され、地番が設定されている。ただし、久米赤島については、一九二一年（大正一一）七月二五日付で初めて地籍が設定されるとともに、「大正島」という名前がつけられることになった。

### 古賀辰四郎の尖閣開拓

一九〇〇年（明治三三）、尖閣諸島の開拓者として知られる古賀辰四郎が、イキマ島の捜索を行った。

古賀は安政三年（一八五六）、筑後国上妻《こうづま》郡山内《やまうち》村（現・福岡県八女《やめ》市）に生まれた。彼は、のちに実業家としての業績が評価され、一九〇九年一一月に藍綬褒章を受章している。このとき古賀が提出した「履歴書」(「古賀辰四郎へ藍綬褒章下賜ノ件」《公文雑纂》明治四二年・第四巻、NAJ 纂 01108100-00700) によれば、彼は一八七九年、「琉球処分」直後の沖縄に渡り、海産物商人として那覇に「古賀商店」を開店したという。ただし、彼の、特に初期の経歴については、曖昧な点や矛盾点が多いことが指摘されている。

古賀は、一八八七年頃から八重山一帯に産するヤコウガイ (夜光貝) に目をつけ、輸出事業を始める。しかし、ヤコウガイはまもなく乱獲のために激減を始め、彼の関心は無人島開拓へと向かうことになる。大東島の開拓を試みて失敗したのは先述した通りであるが、その次に彼が目をつけたのが、尖閣諸島のアホウドリであった。彼は、一八九五年六月一〇日付で、アホウドリ捕獲のために久場島を借用したい、という趣旨の「官有地拝借御願」を、野村靖内相に提出した。

なお、このとき彼は、一八八五年に「久場島」に自ら上陸しアホウドリを発見、以後、独自に開拓を続けてきた、と主張している。しかし、この主張には数々の矛盾があることが指摘されている (平岡昭利「明治期における尖閣諸島への日本人の進出と古賀辰四郎」『人文地理』第五七巻第五号、二〇〇五年)。

まず、「履歴書」では、「明治拾七年〔一八八四〕尖閣列島ニ人ヲ派遣シ同島ノ実況ヲ探検セシメ爾来《じらい》年々労働者ヲ派遣シ海産物採取ヲナサシメタリ」となっている。つまり、開拓着手の年が「拝借御願」よりも一年早くなっているうえ、こちらでは本人は渡島せず、他人を派遣したことになっているのである。さらに問題なのは、一八八五年の出雲丸の報告にも、沖縄県の一八九〇年と一八九三年の上申書にも、古賀については何一つ言及されていない、ということである。すなわち、拝借を確実にするため、一〇年前から開拓に着手していたとする作り話をでっちあげたのではないか、という疑いがあるのである。

ともかく、出願から一年三ヵ月後の一八九六年九月、政府は古賀に対して、尖閣四島（南小島・北小島・魚釣島・久場島）の三〇年間無償貸与を許可した。翌一八九七年三月、古賀は八重山から出稼ぎ者三五名を尖閣諸島に派遣している。

## 古賀辰四郎のイキマ島捜索

尖閣諸島でのアホウドリ猟は最初のうちこそ順調だったが、早くも一九〇〇年（明治三三）には捕獲量が激減しはじめる。あわてた古賀は、東京帝国大学理科大学動物学科（東京大学理学部生物学科の前身）教授の箕《み》作《つくり》佳《か》吉《きち》に面会し、助言を求めた。箕作は、実地調査を行わなければわからない、として、その調査員として、動物学教室の講師であった宮島幹之助を推薦した。宮島自身はべつに鳥類が専門というわけではなかったのだが、箕作の懇請で実地調査を行うことになる。調査隊には宮島と古賀本人のほか、沖縄県師範学校教諭の黒岩恒《ひさし》、八重山島司の野村道安らが同行した。古賀たちは、大阪商船（商船三井の前身の一つ）からチャーターした汽船・永康丸（佐藤和一郎船長）に乗り込み、五月三日に那覇を出港し、八重山列島に向かった。

この途中、永康丸は、五月四日にイキマ島の捜索を行っている。おそらく古賀は、島が発見できれば自ら開拓するつもりだったのであろう。黒岩は、六月一七日に沖縄県私立教育会で行った講演の中で、次のように語っている。

諸君海図を御覧《ごらん》になれはよく分ります［。］宮古島の南方大凡《おおよそ》十七八哩《マイル》［海里。約三一〜三三キロ］の位置に「イキマ」と称する島が画《えが》きてあります……然《しか》るに未此《いまだこの》位置にか丶る島の存在を認めたる人なき様子です［。］或《ある》帆船此《この》島にて飲料水を取つたとかの云《い》ひ伝《つた》へあれども信用が置けませぬ……

されは此度《このたび》弥《いよいよ》探検の為《ため》海図に示せる位置に本船を寄《よ》する事と相成《あいなり》まして……翌四日は実に此頃稀なる好天気でして一天雲なしと云ふ有様です［。］宮古島の東岸なる絶崖や高台を以つて海に終りたる平安名島《ママ》［東平安名《へんな》岬の誤りか］は明瞭に双眼鏡に入ります［。］これより本船はオクビ瀬の東辺を掠《かす》め去り南の方十七英里《マイル》の位置に進み弥《いよいよ》海図に点記してありまする場所に到りました所が一個の岩石だも見当りませぬ［。］若《も》しや極めて低平なる礁洲なるやも計り難きにより檣上《しょうじょう》［マストの上］に上《のぼ》り四方を瞰《なが》むることに致《いた》しましたけれども一向何等の眼界に落つるものもありませぬ

［◦］大々失望［、］併《しか》しながら探検の結果を水路部に報告する丈《だけ》の光栄は弥《いよいよ》本船の荷《にな》ふ所てす（黒岩「尖閣列島談」『琉球新報』一九〇〇年六月二三日・二九日）

宮島も、同年九月一一日に東京地学協会例会で行った講演の中で、ほぼ同内容のことを語っている。なお、宮島によれば、「明治十八年頃沖縄県庁より特に此方《この》面の無人島を探検の為《た》め大有丸を派遣せし時にも此島を発見せずして戻」った、ということがあったという（宮嶋《ママ》「沖縄県下無人嶋探検談」『地学雑誌』第一二輯第一四二巻、一九〇〇年）。

永康丸はその後、いったん西表《いりおもて》島で石炭を補給したのち、五月一〇日に尖閣諸島に到着した。宮島は、アホウドリの激減は乱獲によるものだと断定し、このままでは数年のうちに絶滅すると警告している。ついでながら、このときに八重山列島におけるマラリアの流行を知った宮島は、その後、寄生虫学の研究に身を投じることになる。

なお同年一〇月、英国海軍水路部は海図からイキマ島を削除した。ベルチャー以来、発見できないという報告はいくつもあるが、信用できる発見報告は皆無で、そもそもなぜ海図に載っているのかもよくわからない、というのがその理由であった。ゴービルの地図のことは、とうの昔に忘れ去られていたのである。

宮島の警告にもかかわらず、その後もアホウドリの乱獲は続き、必然的に数の減少も続いた。その後、古賀は鳥類の剝製作りやカツオ漁業、グアノの採取などに転換を図る。事業の多角化にともない尖閣諸島への入植者も増加し、魚釣島には「古賀村」と呼ばれる村落が形成された。さらに一九〇六年には、西表島の南西約一五キロにある中《なかの》御神島《うがんじま》の捕鳥事業にも着手する。こうした一連の事業が評価され、彼は一九〇九年に藍綬褒章を受章した。しかし、いずれの事業も、数年のうちに資源が枯渇し、結局は衰退の道をたどることになった。一九一八年（大正七）、古賀は那覇の病院で死去する。

## イキマ島の削除

一九〇六年（明治三九）五月、イギリスのヴィッカーズ社で建造されていた日本海軍の戦艦「香取」が竣工した。この戦艦は、そもそもはロシアとの戦争に備えて発注されたものだったのだが、結局、日露戦争にはついに間に合わなかったのである。

「香取」は八月二日にシンガポールを出航、一五日に横須賀に入港した。この途中、「香取」は八月一〇日にイキマ島の捜索を行ったが、快晴にもかかわらず、島はおろか、変色水域すらも発見されなかった。そのため、八月二七日付の水路告示第一八二七号第五三二一項によって、イキマ島はついに海図から削除されたのである。

イキマ島ノ不存在

明治三十九年八月小黒［秀夫］香取航海長ノ報告ニ拠レハ本年八月十日新嘉坡《シンガポール》ヨリ横須賀ニ向フノ途次同日正午天測位置北緯二四度一二分五二秒東経一二五度一八分四二

秒ノ地点ヨリ真方位北五三度東ニ航シ海図上宮古列島南側ニ記載ノイキマ島（E.D.）ヲ距《さ》ルコト左舷正横三浬半ニアル如《ごと》ク操針シ檣楼《しょうろう》ニモ見張ヲ出シ同島ノ存否ニ付充分監視セシモ見当ラス且《かつ》海水ノ変色ヲモ認メス［、］当時天候快晴殆ト無風海面平滑ニシテ展望最モ良好ナリシニモ拘ハラス更ニ其形影ヲ認メサリシト云フ　三十九年八月十五日　坂本［二］香取艦長通報

依テ該島ハ図誌上ヨリ之《これ》ヲ削除ス……

# 孤島をめぐる争い

# グランパス島とマーカス島

玉置半右衛門のアホウドリ捕獲事業は、ひとつのモデルケースとなった。玉置にならって未開拓の無人島を〝発見〟し、アホウドリを獲ってひともうけをたくらむ野心家たちが次々と現れたのである。

## 「小笠原大の無人島があるといふ評判」

横山源之助は、アホウドリ捕獲事業の開拓者として、玉置と古賀辰四郎・水谷新六の三人の名を挙げている（横山「海国男児の壮図」一九一〇年、『横山源之助全集　第8巻』所収）。古賀についてはすでに触れたが、水谷がアホウドリ猟に手を染めるきっかけとなったのは、一八九六年に彼が行ったグランパス島探検であった。横山によれば、水谷は、父島で雑貨商を営んでいたころに次のような噂話を聞きつけ、グランパス島に興味を持ったのだという。

グランパス島！その所在は今日さへ瞭然しない。けれど、明治十五［一］六年［一八八二～八三年］の頃は、西班牙《スペイン》人又《また》は北米人の間には、頻《しき》りにグランパス島の存在は評判となつてゐた。小笠原島より東南四百哩《マイル》［海里、約七四〇キロ］の位置に小笠原大の無人島があるといふ評判である。して、その無人島は地勢略《ほ》ぼ父島に同じく、天然の良港あるのみならず、椰子《やし》［・］檳榔樹《びんらうじゆ》［ヤシ科の常緑高木。果実は「檳榔子《ビンロウジ》」と呼ばれ、薬用に用いられる］鬱蒼《うつそう》として茂り、若《も》し移住者ありて開墾せば、小笠原島に勝るとも劣らないとの評判。（横山「水谷新六君の半生」）

水谷本人によれば、最初の探検を行ったのは一八八八年のことであったという。水谷は大海丸という帆船（服部新助が運航していた船）に自ら乗り込み、一二月八日に出航し、海図上のグランパス島の位置周辺三〇海里（約五六キロ）四方を調査したが、失敗に終わり、翌一八八九年二月一八日、空しく帰航した。彼はその後もしばしば、南洋貿易のかたわら、島の捜索を試みたという（水谷「島嶼発見御届」、《外務省記録》「帝国版図関係雑件」JACAR B03041152600 所収）。

南島商会騒動ののち、水谷は恒信会社事務員として懐遠丸による最初の航海に参加している（『青柳徳四郎交易日記』）。一八九一年に独立して「快通社」を設立したものの、運航していた快通丸が座礁事故を起こし、それがきっかけで解散に追い込まれたという（郷

『南洋貿易五十年史』）。その後は、服部新助の運航する相陽丸に乗ってミクロネシア貿易に従事していたようである（『東京朝日新聞』一八九三年一二月一四日付）。はっきりとした経緯は不明であるが、服部の死後は金十舎の社員として天祐丸の運航を任されていたらしい。

### 水谷新六のマーカス島〝発見〟

一八九六年（明治二九）一一月一二日、水谷はグランパス島探検のために天祐丸に乗り込み、父島の二見港を出港した。水谷は小笠原群島の東南方海上をさんざん探し回ったが、ついに発見することができず、あきらめて帰港する途中、一二月三日、一つの島へとたどりついた。だが、それは伝説のグランパス島とは似ても似つかぬ、ちっぽけな孤島にすぎなかった。横山によれば、「船員一同は、昨日の不平不満を忘れ、踴躍《ゆうやく》してグランパス島に出会《しゅっかい》したものと喜んでゐたが、島地に近づいて見ると、兼《かね》て耳にしてゐた良港なきのみならず、面積も周囲五十五町［約六キロ。なお実際は周囲七・六キロ、面積一・五一平方キロ］、ずつと小さかつたので船員一同非常に失望した。けれど、上陸して見ると、全島信天翁《あほうどり》で満たされてゐたので、勇気を起こし、船員悉《ことごと》く上陸して、信天翁の捕獲に取り掛《かか》つた」。

この島は伝説のグランパス島ではなかったし、かといって、まったく未知の島というわけでもなかった。この島は、海図上では「マーカス島」（Marcus）あるいは「ウィークス島」（Weeks、ウェーク環礁Wakeと混同しないように注意）として記載されている島——すなわち、現在の南鳥島だったのである。

なお、後年の伝聞ではあるが、水谷が上陸したときには、サイパン島からの漂流者と思われる人々が何人か住みついていた、という証言もある（野呂恒夫「南鳥島について」『測候時報』第二五巻第六号、一九五八年）。

### マーカス島はいつ発見されたか

マーカス島は、正三角形に近い形をした平坦な隆起珊瑚礁である。一九〇二年にこの島を訪れた志賀重昂は、「際《きわ》へ行かなければ見えない位の平たい島であつて、……遠くから見ると殆《ほとん》ど高低がない［。］上陸して能《よ》く〳〵実測して見ると一番高い所が海面上三十三尺［約一〇メートル］でありまして、低い所が海面上十五尺［約四・五メートル］外《がい》ない島であります」と語っている（志賀「鳥島と南鳥島」『慶應義塾学報』第五八～五九号、一九〇二年）。正確な位置は北緯二四度一七分二四秒、東経一五三度五八分四三秒であり、最寄りの島であるマリアナ諸島のマウグ島からは東北東に約一〇〇〇キロ、小笠原群島からは東に約一二〇〇キロも隔《へだ》たっている、日本領の島としては最も孤立した島である。

一八二八年のジェレマイア・レナルズによるリストには、「マーカス島」（二四度一八分・東経一五三度四二分）と「R・ウィークスが発見した島」（二四度・東経一五四度）が記載されており、前者には「おそらく、海図上では同じ経度上の約五五海里［約一〇二キロ］

北方にあるセバスティアン・ロボス島であろう」、後者には「おそらく前者［マーカス島］と同じ」という註記がつけられている。つまり、そのころまでにはすでに存在が知られ、二つの名がつけられていたことになる。ただし、それ以前、いつごろから海図に載るようになったのかは不明である。

一八六四年一二月一七日、アメリカ外国伝道委員会（ABCFM）のプロテスタント布教船モーニング・スター号のチャールズ・W・ジェレット船長は、「ウィークス島」を目撃したことを報告した。これは、南鳥島に関する最初の確実な文献記録とされている。しかし、その報告によれば、島は長さ約五海里（約九・三キロ）で、しかも、島の中央近くには標高二〇〇フィート（約六一メートル）の小山があるという（Findlay 1886）。これは実際の南鳥島の地形とは明らかに異なっており、報告の正確性に疑問がある。

その後、一八六八年にデイヴィッド・ホードリー号のキルトン船長が「マーカス島」を目撃、一八七四年にはアメリカの測量艦タスカローラ号が測量を行っている（Findlay 1886）。『日本水路誌　第一巻』（一八九二年）は、この島を「ロスジャーディーンス島」や「パレースベラ礁」（沖ノ鳥島）などとともに、スペイン領マリアナ諸島の一島として記載している。また、日本人では、一八八六年にイギリス船エイダ号がこの島に立ち寄った際、その乗組員であった信崎常太郎という人物が初めて上陸したといわれている。

このマーカス島には、当時、アホウドリをはじめとする大量の海鳥が飛来してきており、また、その海鳥の糞、すなわちグアノが大量に堆積していた。捕鳥事業を企てようとした水谷は、一二月二八日に母島から労働者二〇名を移住させている。

## 「島嶼発見御届」

東京に戻った水谷は、翌一八九七年（明治三〇）三月、樺山資紀《すけのり》内相に宛てて上申書を提出し、自分の〝発見〟した島を日本領に編入するよう申し出た。水谷の狙いは、島の借地権を確立することにあった。

　島嶼発見御届

私儀予《かね》て海図に記載あるグランパス島を探見せんとの志望有之《これあり》［、］今回南洋諸島中マリヤナ群島へ貿易の為め客年［一八九六年］十一月三日天祐丸に乗船し横浜港を出帆し小笠原父島二見港ニ於《おい》て薪水を貯へ仝《どう》十二日朝仝港を出帆し航行の際之《こ》れが探見に従事致候《いたしそうろう》処［、］十二月三日小笠原島母島を距《さ》る東々南（中硫黄島の東に方《あた》る）大約六百五拾海里［約一二〇〇キロ］の処に於て一の無人島を発見せり［。］該島は周囲凡《およ》そ八海里半［約一六キロ］［、］北緯二十四度廿五分東経百五拾二度三十五分に位し海面より高きこと約十五尺［約四・五メートル］［、］全島平坦にして地質は覇王樹《はおうじゅ》［サボテン］岩［珊瑚礁のこと］と砂土の所あり［、］全島の三分の一は棟《おうち》［センダン］に似たる樹木及《および》椰子蔚生《うつせい》せり［、］依て樹木を削り明治廿九年十二月三日日本人水谷の文字を記載致置候《いたしおきそうろう》［、］右は他国の所属に無之《これなく》全く小笠原群島の一にして日本帝国の版図内に属すへき一島に有之《これあり》と存 候 間《ぞんじそうろうあいだ》実地御調査の上版図に御編入相成 候 様 致 度《あいなりそうろうよういたしたく》別紙図面相添此段《あいそえこのだん》御届申上 候 也《もうしあげそうろうなり》

明治三十年三月廿二日

東京府日本橋区南二葉町三十四番地

水谷新六

内務大臣伯爵樺山資紀殿†

（《海軍省公文備考》明治三一年・土木下巻二二。JACAR C06091185100）

「周囲凡《およ》そ八海里半」はいささか誇大である。「小笠原群島の一」というのも無理があるが、これは日本領と認めてもらうための方便であろう。さらに四月五日、水谷は東京府知事久我通久《こがみちつね》に対しても「島嶼発見御届」を提出した。

### マーカス島脱出行

六月一一日、水谷は横浜から天祐丸で出航し、一四日に小笠原に到着、ここで新たなる入植者を乗せて、三〇日にマーカス島へ再び到着した。水谷はここで人夫と食物を下ろし、代わりに二万三〇〇〇斤《きん》（一三・八トン）の羽毛を載せて、トラック諸島へ出発しようとした。ところが、同日午後八時、マーカス島を出

航しかけた天祐丸は、暴風のために島の目の前で座礁沈没してしまったのである。小林春吉船長・水谷船主兼事務長以下の乗組員は、辛うじて伝馬船に乗り込んで脱出し、なんとか島へと戻った。

この事故のため、水谷たちは危機的状況に陥る。このころ、無線通信はまだ実用化されておらず、有効な長距離通信手段といえば伝書鳩くらいなものであった。したがって、他の島との連絡手段は一切ないことになる。水谷は決死の大冒険を決意する。長さ二丈二尺（約六・七メートル《メートル》）、幅五尺（約一・五メートル《メートル》）、深さ一尺八寸（約五五センチ《センチ》）の伝馬船に乗り込み、小笠原を目指すことにしたのである。

水谷ら五名は、伝馬船に旧式のクロノメータとビスケット、飲料水などを積み、七月六日午前七時、マーカス島を出発し、西北の方向へと進んだ。しかし、風向きの都合から小笠原に向かうことはできず、漂流の末、ついに八月一日朝、千葉県夷隅《いすみ》郡勝浦町（現・勝浦市）附近で漁船に救助されたのである（『読売新聞』八月六日）。マーカス島から勝浦までは、直線距離にしておよそ約一八〇〇キロ《キロ》。これは、北海道の稚内《わっかない》市から鹿児島市までの直線距離に匹敵する。

この冒険行は新聞各紙で取り上げられ、反響を呼んだ。八月二九日には、東京で水谷らの歓迎会が開かれている。この会の発起人は小林富次郎・市川喜七・松村清吉（小林と親交のあった横浜の貿易商）・梅田実蔵の四人であり、金十舎の背後関係をうかがうことができる。この席で、榎本武揚は水谷らの行動を「沈睡《ちんすい》せる当世の為め賀《が》すべきの壮行なり」と持ち上げ、さらに田口卯吉は「天祐丸の遭難を聞ける時は恰《あたか》も近親の死せるが如き思《おもい》を為《な》せり［、］併《しか》し……遂《つい》に南洋に於《おい》て斃《たお》れたるは其《その》本分を尽《つく》したるものと言ふべし」と語ったという（『東京朝日新聞』八月三一日）。

いっぽう、救助船の派遣は大幅に遅れ、一〇月になってから永勝丸が派遣されることになった。ところがその間、九月二八日にたまたまアメリカ船キンレー号がマーカス島を訪れ、島に残っていた三十数名のうち、天祐丸乗組員六名と入植者代表一名を乗せて、一〇月一五日に横浜に入港した（同・一〇月一二日）。

### 「南鳥島」の領土編入

一八九八年（明治三一）三月一四日、芳川顕正《よしかわあきまさ》内相は、マーカス島を「水谷島」と命名し東京府に編入する措置を求める閣議を請求した。ところが、島名については東京府から横槍が入り、鳥島の南方だから、という理由で「南鳥島」に変えられている。七月一日の第一次大隈重信内閣による閣議決定に基づき、二四日付の東京府告示第五八号によって、マーカス島は「南鳥島」として東京府小笠原島島庁に編入された。横槍の理由は明らかでないが、〝発見者〟の名を島名として用いるのは好ましくない、ということであろう。また、「マーカス島」のように、外国語地名をそのまま用いることも好まれなかった。「大東島」は伝説上の島名を流用したものであり、「硫黄島」は英語名の翻訳であるが、「南鳥島」の場合は完全に新しく付けられたものである。

いっぽう、水谷の借地権請求については、静岡県の斉藤清左衛門という人物からの横槍が入る。八月一〇日付で斉藤らが府知事に提出した「南鳥嶋拝借ニ付陳情書」によれば、彼は一八七九年から一八八〇年一月にかけて「清海丸」という船で南洋を調査し、マーカス島にも接近したが上陸に失敗、一八九三年五月になって上陸調査に成功した、というのである。さらに斉藤は、水谷は金十舎の雇われ船長のようなものにすぎないのに対し、自分は式根島での開拓事業で実績がある、とも主張した（《東京府文書》第一種・文書類纂・鳥島一括書類、明治三六年、625.D 4.19）。もっとも東京府は、斉藤の「発見」主張には裏付けがとれず、出願も水谷のほうが先である、として、斉藤の主張を却下する。結局、一二月六日付で、水谷は正式に一〇年間の拝借を認可された。

ただちに羽毛採取に取り組んだ水谷であったが、収益は思いのほか伸びなかった。乱獲のせいでたちまちのうちに鳥が減少したためと、羽毛の輸出価格が一羽あたり二厘という低価格だったためである。このため、一九〇〇年九月、水谷は鳥類一五万羽分の採取権を横浜の貿易商・上滝七五郎に譲渡した。その後、上滝が鳥の剝製作りによって大幅な利益を得たため、水谷はあらためて一九〇二年に上滝と契約を結びなおし、共同経営に乗り出す。

### 鳥島の管轄と継続貸し下げ

これより前、一八九七年（明治三〇）八月一三日付の東京府告示第八〇号により、鳥島は小笠原島島庁の所轄となった。玉置半右衛門の入植から一〇年も経って、ようやく管轄が決まったことになる。このとき島司の阿利孝太郎は島の実地調査を行っており、東京府知事に宛てたその報告の中で、玉置たちは島を開拓する気がなく、もっぱらアホウドリを撲殺しているだけであり、このまま放置すれば数年後にはアホウドリが絶滅する恐れがある、と警告している。折しも、借地期限切れを前にして、玉置の後釜を狙う者たちが次々と鳥島の拝借願を提出しはじめていた。しかし結局、翌一八九八年九月一九日付で、玉置はあらためて一〇年間の鳥島継続貸し下げを許可されることになった（平岡「鳥島開拓と借地継続の経緯について」）。

その後、一九〇〇年三月三〇日付（三月三一日公布・四月一日施行）の勅令第九四号「島地指定ニ関スル件」により大島島庁と八丈島島庁が新設されると、鳥島は八丈島島庁に移管されている。

# グランパス島の〝消滅〟

## 米西戦争とハワイ併合

一九世紀末になると、アメリカは太平洋方面への本格的な進出を始める。一八九三年（明治二六）一月、ハワイ王国で、アメリカ系の入植者たちが、アメリカ本国への併合を求めてクーデタを起こし、リリウオカラニ女王を退位に追い込んだ。ところが、前年に行われたアメリカ大統領選挙では、ハワイ併合に肯定的だった現職のベンジャミン・ハリスン（共和党）が落選し、対外膨張政策に批判的なグラヴァー・クリーヴランド（民主党）が当選していた。三月に大統領に就任したクリーヴランドは、前政権が結んだハワイ併合条約を撤回する。このため、ハワイはしばらくの間、独立の共和国として存続することになる。しかしそれも、一八九六年に共和党のウィリアム・マッキンレーが大統領に当選するまでの話にすぎなかった。

折しも、一八九五年二月にはスペイン領キューバ、一八九六年八月には同じくスペイン領のフィリピンで、それぞれ独立戦争が始まった。一八九八年四月、アメリカは両者の独立運動を支援すると称して軍事介入を決定、ここに米西戦争が勃発する。もっとも、「独立支援」なるものが植民地を奪うための口実にすぎなかったことは、すぐに明らかになる。

この戦争により、太平洋上の補給基地としてのハワイの価値があらためて明らかとなり、アメリカは併合を決意する。八月にハワイは主権をアメリカに移譲し、独立国としての歴史に幕を閉じた。その後、一九〇〇年四月にハワイ基本法が制定され、ハワイはアメリカの準州《テリトリー》となった（一九五九年に州《ステイト》に昇格、現在に至る）。

米西戦争はわずか四ヵ月でアメリカの圧倒的勝利のうちに幕を閉じ、一八九八年一二月に結ばれた講和条約（パリ条約）により、スペインはキューバの領有権を放棄するとともに、プエルトリコ島とグアム島をアメリカに割譲、さらにフィリピンを二〇〇〇万ドルでアメリカに売却した。キューバは一九〇二年に形式的な独立を果たすが、その後も一九三四年までアメリカの保護下に置かれることになった。さらに、フィリピンの独立派は、新たなる支配者となったアメリカに対して、一九〇二年まで組織的抵抗を続けることになる。

一八九九年九月、スペインは残ったマリアナ諸島とカロリン諸島をドイツに二五〇〇万ペセタで売却し、これにより太平洋海域から完全に撤退した。

なお一九〇一年一月六日、ドイツ当局はトラック諸島にいた日本商人を禁制品密売容疑で逮捕し、さらに日本人の退去を命じた。その後に交易活動は再開されるが、日本側は打撃を受けることになる。

## ミッドウェイ環礁紛争

ところで、アメリカがこうしてハワイ諸島を侵略したのと同じころ、一部の日本人が、アホウドリ猟のために北西ハワイ諸島などに進出を始めた。この火付け役は水谷新六だったらしい。一九〇一年（明治三四）一月、野沢源次郎という輸入商が、アホウドリの捕獲のためにアメリカ政府と交渉してミッドウェイ環礁を借り受けたい、と外務省に請求した。その際に野沢が提出した「ミットウエイ島鳥家採集事業大略書」によれば、この島で獲れるアホウドリの羽毛は年間六万〜一二万斤（三六〜七二トン）、金銭にして二万五〇〇〇〜五万円であり、また、グアノの採掘も望めるという。そして、水谷はこの島で数年前からアホウドリ猟に従事しており、その羽毛は野沢を通じて海外に輸出されているという（《外務省記録》「国家及領域問題ニ関スル雑件」JACAR B03041160100、平岡昭利「明治期における北西ハワイ諸島への日本人の進出と主権問題」『歴史地理学』第四八巻第五号、二〇〇六年）。

なお、玉置半右衛門も、一八九八年にミッドウェイ環礁の開拓を試みて依岡省三を派遣したものの、失敗に終わったという（岡成志『依岡省三伝』日沙商会、一九三六年）。

いっぽう一九〇〇年、アメリカ政府の派遣した軍艦イロコイ号が、太平洋横断海底ケーブルの敷設について調査するため、ミッドウェイ環礁を訪れたところ、この島に日本人が六名ほど無断で住みつき、アホウドリ猟を行っていることが確認された。同年一二月、アメリカ政府は日本政府に対し、この島の領有権を主張する気があるのかどうかを確認してきた。翌一九〇一年一月一九日、第四次伊藤博文内閣は領有権を主張しないことを閣議決定、アメリカ側に通告した（「布哇《ハワイ》群島中「ミッドウェー」島ニ対シ帝国政府ハ主権ヲ主張スルノ意ナキ旨ヲ米国公使ニ回答ス」《公文類聚》明治三四年、JACAR A01200908900）。

## 竜睡丸遭難

一八九八年（明治三一）一二月、報効義会は、北太平洋の遠洋漁業調査を行うことを計画し、スクーナー型帆船・竜睡《りゅうすい》丸（中川倉吉船長）を派遣した。報効義会は一八九三年に郡司成忠《ぐんじしげただ》が千島列島の探検・開拓のために組織したものである。しかし、竜睡丸は南鳥島附近で暴風に襲われて遭難し、翌一八九九年二月にホノルルに入港、四月に日本へ向かって出航したものの、帰航途上でまたしても暴風雨に襲われ、北西ハワイ諸島のパール・アンド・ハーミーズ環礁で座礁してしまう。一行は数ヵ月間を環礁で過ごしたのち、同年九月に的矢丸に救助された。なお、この的矢丸は、市川喜七が、遠洋漁業奨励法（一八九七年公布・一八九八年施行）に基づく奨励金により、フカ漁用の船として購入した船である（『遠洋漁業奨励事業報告』農商務省水産局、一九〇三年）。この船はその後、水谷新六が無人島探検に用いている。

ところで、須川邦彦『無人島に生きる十六人』（一九四三年）によれば、この航海目的のひとつとして、グランパス島の捜索があったという。同書は、一九〇三年に、当時、官立商船学校（東京海洋大学海洋工学部の前身）の学生であった須川が、同学校の教官となっていた中川倉吉から聞いた話を、少年向けにまとめなおしたもの、という体裁をとっている。

日本の南東の端にある、新鳥島（この島は、北緯二十五度、東経百五十三度にあったのだが、火山島であるから、たぶん、噴火か何かで海底にしずんだのだろうといわれている）の近くに、グランパス島という島がある。これは昔、海賊の基地であって、そんな島は、ないという捕鯨船の船長もあるし、いや、あるという船長もあって、めったに船の行かないところであるが、この方面の海に注目している人々の間には、問題となっていた島である。

ともかくも、この島を見つけたら、日本のためにたいへんいいことになる。そればかりか、海賊の秘密の基地であるから、運がよければ、かれらが、うずめてかくしておいた宝物を、発見できるかもしれない。（須川『無人島に生きる十六人』新潮文庫、二〇〇三年）

後年の伝聞であり、しかも少年向けの読み物ということで、多少ホラ話が混じっているようである。なお、須川は勘違いしているが、「新鳥島」は南鳥島そのものである。

## 「其附近一ノ島影ヲ認メサリシ」

一九〇〇年（明治三三）二月二一日、日本海軍のコルヴェット艦「金剛」は、南太平洋各地をめぐる練習航海のため、僚艦「比叡」とともに横須賀を出港した。両艦は奄美大島、香港、マニラ、マルク諸島のアンボン島、オーストラリア、フィジーを経由し、七月三一日に横須賀に帰航している。

このとき「金剛」は、フィジーから東京湾に向かう途上で、グランパス島を捜索する、という内命を帯びていた。その航海記には次のようにある。

本日［七月二三日］正午より北緯二三度東経一五〇度の地に向ひ操針す［。］是《こ》れ捜索の内命ありたるグランパス島の概位なり
廿四日午前八時半頃ロスジャーテン島（E.D.）を右舷正横三十浬［約五六キロ］に視《み》る筈《はず》なりしも遂《つい》に島影を認めず
廿五日正午の位置より逆算すれば此《この》日午前六時前頃グランパス島の位置を経過せしも其《その》附近一物を認めず
廿六日午後二時頃海図に記載せるグランパス島の直上を通過せしも其附近一の島影を認めざりし†（『軍艦金剛南洋諸島及濠洲航海報告』水路部、一九〇一年）

つまり、七月二四日にロス・ジャルディン諸島、二五〜二六日にグランパス島の捜索を行ったが、いずれも発見できなかったのである。この報告が最後のとどめとなった。同年八月一四日付の水路告示第一一六五号第二九三〇項により、グランパス島は、二〇世紀を目前にして、ついに日本の海図から削除されたのである。〝発見〟から一一二年の時が過ぎていた。

　北太平洋
グランパス島（一名セバスチアン、ロボス）（Grampus or Sebastian Lobos）ノ不存在……今明治三十三年七月布目金剛航海長ノ報告ニ拠《よ》レハ〔、〕該《がい》艦ハフィージー島ヨリ帰航ノ途次現ニグランパス島ノ直下ヲ通過セシモ〔、〕該島ハ勿論《もちろん》其《その》附近ニ於《おい》テスラ一ノ島影ヲ認メサリシト云フ
右ニ依リ諸島ハ該位置及ヒ其附近ニ存在セサルモノト認メ海図上ヨリ之ヲ削除ス
　該島概位
　　北緯二五度一〇分　　東経一四六度四八分

## 大東諸島のさらに南へ

### 南大東島開拓

グランパス島が海図から消えたのと同じころ、鳥島のアホウドリが減少してきたことを見越した玉置半右衛門は、新しい開拓地を大東諸島に求めようとしていた。玉置は、一八九九年（明治三二）一〇月五日付で沖縄県に対して南北大東島全部の開拓を出願し、三〇年間の無償借地の許可を得たのち、同年一一月、依岡省三らの率いる入植団を八丈島から大東島に向けて派遣した。一行は鹿児島・那覇などを経由したのち、翌一九〇〇年一月二三日に南大東島に上陸、入植に成功した。入植者の大部分は玉置と同郷の八丈島民であった。玉置は、三〇年後に土地を引き渡す、という口約束で入植者をつのったといわれている。

玉置は南大東島でサトウキビの栽培を推し進め、一九〇二年五月には自ら渡島して製糖工場の設営にあたった。島には町村制は施行されず、玉置の私有地としてプランテーション的な経営が行われていた。島内には玉置の経営による学校や軽便鉄道なども設置された。島内では「南北大東島通用引換券」（通称「玉置紙幣」）と呼ばれる金券が発行され、島外に出るときに現金に換金する仕組みとなっていた。これは、島民の逃亡を防ぐための手段でもあった。なお、北大東島の開拓着手は遅れ、一九一〇年にようやく始まっている。

ちなみに、依岡はその後、鈴木商店の番頭・金子直吉の支援を得て、一九一〇年にボルネオ島のサラワク王国（当時イギリス保護領）に入植のために乗り込む。しかし、現地でマラリアにかかり、一九一一年一月に病死している。

## 沖大東島の領有宣言

いっぽう水谷新六は、ラサ島（沖大東島）の開発を計画し、一八九八年（明治三一）九月に永勝丸で島の調査を行っている。

翌一八九九年六月、沖縄在住の実業家・中村十作《じっさく》（一八六七〜一九四三）が、ラサ島の調査を行い、この島の借用を求めた。中村は新潟出身で、一八九二年に真珠養殖のため宮古島に渡り、人頭税廃止運動に取り組んだことで知られている。一九〇〇年九月二〇日、第二次山県有朋内閣は、この島を「沖大東島」と命名し、沖縄県島尻郡に編入することを閣議決定、同年一〇月一七日の沖縄県告示第九五号によって編入された。ところがその後、中村の開拓計画は立ち消えになってしまう。

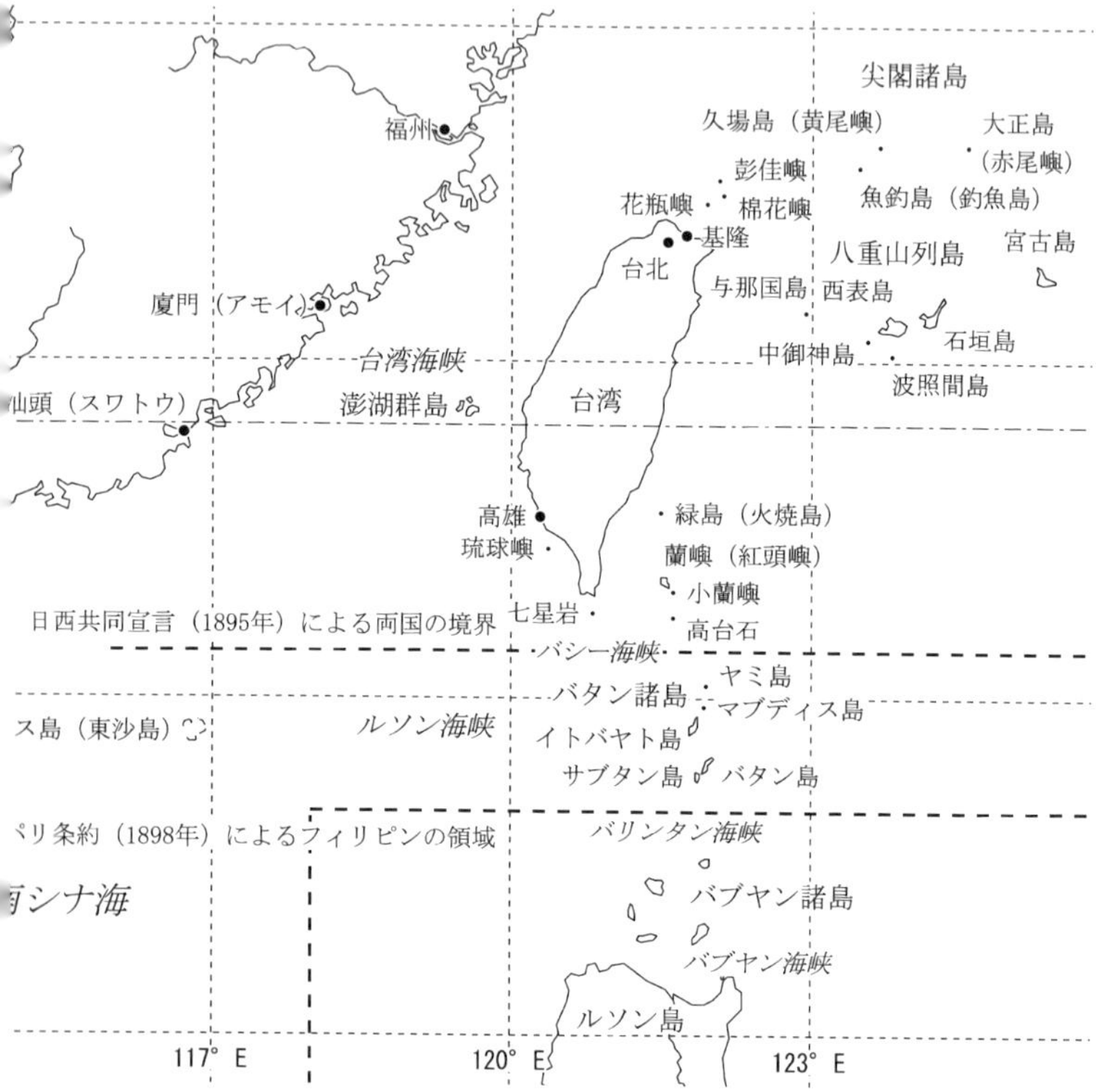


図18　台湾・ルソン海峡周辺

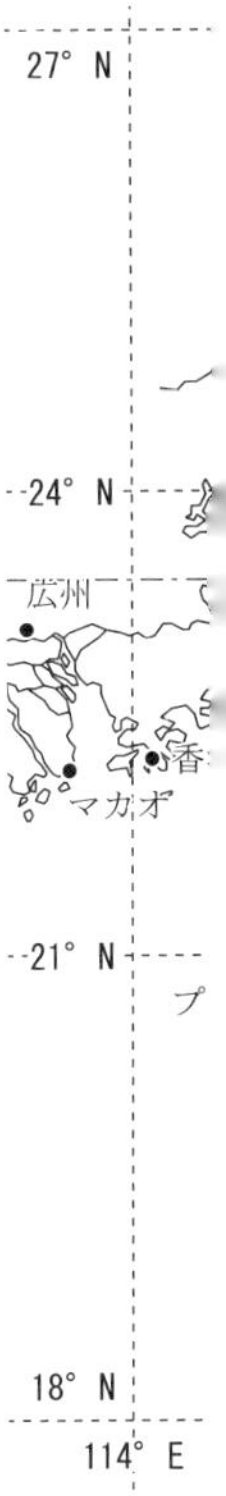


一九〇一年九月、水谷は沖大東島の開拓を企て、的矢丸で島に向かったが、途中で暴風雨に襲われ、台湾・フィリピン方面に漂流してしまったという。

このころ、ラサ島の開拓話はいささか評判になっていたらしく、一九〇二年ころには、一八九三年にこの島を発見し借地権を得た、などと称して人夫や資金を集めようとした詐欺師も現れている（『読売新聞』一九〇二年七月二五日〜八月九日）。

これと同じころ、台湾北方の二つの小島（彭佳嶼《ポンジャユー》と棉花嶼《ミエンファユー》）の借地権を持っていた岡山重次郎という人物が、台湾西方のプラタス島という島にアホウドリが群棲している、という話を水谷のもとに持ち込んだ。

## 水谷新六のプラタス島探検

プラタス島（Pratas）は、南シナ海の北部、北緯二〇度四二分・東経一一六度四三分、すなわち台湾の高雄市の西南西約四三〇キロ、香港の東南東約三一〇キロの地点にある環礁で、周囲のいくつかの岩礁とともにプラタス諸島を構成している。中国名を「東沙島」という。「プラタス」という島名の由来は明らかでないが、ウィリアム・ダンピアの『最新世界周航記』（一六九七年）にも危険礁として記載されており、かなり古くから知られていたことがわかる。

一九〇一年（明治三四）一〇月、水谷は自ら的矢丸（安川保吉船長）に乗り込み、岡山重次郎・川澄徳次らとともにプラタス島に向った。川澄は飯田事件（一八八四年に摘発された、愛知県の民権派による武装蜂起未遂事件）の首謀者のひとりであり、憲法発布時の恩赦で出獄したのちはミクロネシア交易に従事していた。このときの航海はかなり困難だったようで、一時はマニラに漂着してしまったこともあったらしい。

一行がプラタス島にたどりついたのは一一月二三日のことであった。当時、島には中国人漁師が宿泊のために建てた「東沙大王廟」という小さな廟があった。さらに中国船が一隻、難破船の金属回収と海藻採りのために島を訪れていた。この船の船員によれば、この数日前に回洋丸という日本船（玉置半右衛門が運航していた船）が島を訪れたという。

ところが、島にいたのはアホウドリではなく、カツオドリだった。アホウドリしか眼中になかった一行は、失望して開拓計画を中止する。岡山は、損害賠償として、彭佳嶼と棉花嶼の借地権を水谷に譲り渡したという（岡山重次郎「西沢島発見談」『探検世界』第八巻第四号、一九〇九年）。

もっとも、水谷はこれにめげず、プラタス島からただちに、次の探検先であるバタン諸島に向かった。

## バタン諸島探検

先述したように、一八九五年（明治二八）の日西共同宣言によれば、台湾とフィリピンとの境界はバシー海峡とされている。いっぽう、一八九八年のパリ条約によれば、スペインからアメリカに割譲されるフィリピン諸島の範囲の北限は、「北緯二〇度の緯線に沿い西より東に線を引き、航行し得《う》べきバシー海峡の中央部を経《へ》る」とされている。ところが、この規定には矛盾がある。バシー海峡の実際の緯度は北緯二一度三〇分附近であり、北緯二〇度線が通っているのは、バタン諸島とバブヤン諸島の間にあるバリンタン海峡だからである。

この点に目をつけた水谷は、バシー海峡と北緯二〇度線の間にあるバタン諸島は無主地だということになる、と考え、一九〇一年一二月から翌一九〇二年二月にかけて実地調査を試みたのである。横山源之助は、その顚末を以下のように記している。

余は親しく水谷から聞いた話説《はなし》であるが、バシー島〔バタン諸島の別名。ただし、横山は「バタン島」とは別の島のように書いている〕に達した時の如《ごと》き、山上に何やらん白い巾《きれ》が見えた。不思議！不思議！と不審の眉を顰《ひそ》めてゐると、突如として、喇叭《ラッパ》の響《ひびき》が聞えたので、好《よ》く見ると、無人島と思つたのは誤り、既に北米人は占領して居《い》たのであつた。（横山「明治大正年間に於ける無人島探険史」一九一四年、『横山源之助全集第7巻』法政大学出版会、二〇〇五年、所収）

そもそも、バタン諸島にはイヴァタン族が住んでいるし、また、一七八三年六月にはスペインが公式に領有を宣言し、バタネス州を設置している。明らかにパリ条約の規定がおかしいのだが、この箇所はその後も訂正されていない。

### プラタス島の開拓競争

一九〇一年（明治三四）一一月、玉置半右衛門はプラタス島の開拓を企て、外務大臣に対してこの島の帰属取り調べを願い出た（浦野起央『南海諸島国際紛争史』刀水書房、一九九七年）。玉置と依岡省三は、すでに日清戦争の直前からこの島に目をつけていたという（岡『依岡省三伝』）。しかし、外務省はこの時点では、この島が無主地なのか、それとも清朝が領有権を主張しているのかどうか確認できなかった。玉置は一九〇二年五月から八月にかけて探検をおこなっている。

また、同年一一月には、基隆《キールン》の艀舟《はしけ》業者・西沢吉治《にしざわきちじ》（一八七二〜一九三三）の経営する西沢商店の船が、与那国島から台湾へ向かう途中で遭難し、いったん福州海岸に漂着、その後、台湾に再び向かう途中でプラタス島に寄港したという。

西沢は越前鯖江藩（現・福井県鯖江市）の士族の家に生まれ、日清戦争後に台湾に渡り、基隆で浅野セメント（太平洋セメントの前身の一つ）の代理店を営んでいた。このとき、この船はこの島からリン鉱石を持ち帰っており、これがきっかけとなって、西沢はこの島の開拓を計画することになる。

# 南鳥島事件

## ローズヒルのマーカス島遠征

一九〇二年（明治三五）七月、アメリカ政府は、マーカス島渡航と占領の許可を、アンドリュー・A・ローズヒル（Andrew A. Rosehill）なる人物に与えた。ローズヒルの乗り込むジュリア・E・ワーレン号（*Julia E. Whalen*）は七月一一日にハワイのホノルルを出港し、マーカス島へと向かった。

ローズヒルの主張によれば、彼は一八八九年六月にマーカス島に上陸し、アメリカ国旗を建てて占領を宣言し、帰国後、グアノ採取事業を行うべく、国務省にグアノ島法に基づく経営権の交付を申請していたが、その許可が一九〇二年七月になってようやく降りたのだという。アメリカ政府もローズヒルも、マーカス島にすでに日本人が住みついていることは把握していたのだが、日本による領有宣言までは認識していなかったらしい。

図19　南鳥島事件の風刺漫画（『団々珍聞《まるまるちんぶん》』第1383号，1902年）

七月一三日、駐米公使高平小五郎《たかひらこごろう》は小村寿太郎外相に対し、緊急事態を告げる電報を発した。一五日、小村は高平に対し、ローズヒルに対する許可を取り消すようアメリカ政府に勧告すべきである、という訓令を発する。一六日、高平はこれに基づき、マーカス島は日本領であるとする趣旨の覚書をアメリカ政府に提出した。同日、『東京朝日新聞』はローズヒルのマーカス島遠征を報道し、日本国内は大騒ぎとなる。

二三日、日本政府は急遽、石井菊次郎外務書記官を乗せた巡洋艦「笠置《かさぎ》」（坂本一艦長）を南鳥島に派遣した。「笠置」は二七日に南鳥島へと到着したが、座礁の危険があったために錨を降ろすことができず、仕方なく秋本秀太郎海軍中尉と部下一六人の陸戦隊員に三ヵ月分の食糧を給して「南鳥島駐劄《ちゅうさつ》隊」として島に残し、横須賀へと引き返した。

三〇日、ワーレン号は「笠置」と入れ替わるようにして南鳥島に現れた。ローズヒルは秋本から、石井書記官の英文覚書と、紛争を避けるよう求めた駐日アメリカ公使A・E・バックの書簡を手渡されている。一行は日本側の許可を得て一週間にわたり上陸調査を行ったのち、結局、追い返されるようにしてホノルルに引き返すことになる。

なお、このとき海軍省軍務局は、火山列島のときのように勅令か、あるいは外務省告示を発しておけば、ここまで重大な問題を引き起こすこともなかったのではないか、という意見を出している（《海軍省公文備考》明治三五年・巻四三 JACAR C06091434700）。府県告示では各府県の公報に掲載されるだけであるが、勅令や省の告示ならば『官報』に掲載されるからである。しかし、その後も府県告示による領土編入は続けられている。

## 鳥島大爆発

南鳥島駐劄隊は一ヵ月後に回収される予定になっていた。

ところが八月一八日、横浜に入港した日本郵船の貨客船・兵庫丸が衝撃的なニュースを伝えてきた。鳥島が大爆発を起こし、島民全員が消息を絶った、というのである。

横浜・小笠原間の定期船であった兵庫丸は、小笠原に向かう途中、八月七日に鳥島に寄港した。このとき、鳥島はごく平穏に見えた。ところが、父島に寄港したのち、横浜へ引き返す途中の一六日に鳥島に寄港したところ、島の中央火口丘は消え失せ、その跡からは黒い噴煙が立ちのぼり、そして、人家があったはずの沿岸の低地は、噴出物で埋め尽くされていた。驚いた兵庫丸では汽笛で島民に対する呼びかけを続けたが、応答はなかった。

一〇日朝に鳥島附近を通過した愛坂丸という船が噴火を目撃していることから、噴火の発生はそれ以前だということになる。また、住民が脱出を試みた形跡がないことから、噴火が起ったのは夜間だと考えられている。しかし、それ以上の正確な日時を特定する材料は残されていない。当時、島にいた一二五名の人間は、誰一人としてそのことを生きて伝えることができなかったからである。

このため、駐剳隊回収のために派遣される予定であった巡洋艦「高千穂」は、鳥島調査も兼ねて八月二二日に急遽横須賀を出航する。この高千穂には、志賀重昂（衆議院議員）、神保小虎《じんぼことら》（東京帝国大学教授）、矢津昌永（東京高等師範学校教授）、吉田弟彦（農商務省肥料礦物調査所技師）、それに上滝七五郎らが乗り込んでいた。また、内務省もこれと同時に兵庫丸をチャーターして鳥島に派遣しており、こちらには大森房吉（東京帝国大学教授）・田《た》中館愛橘《なかだてあいきつ》（同）らが乗り込んでいる。

なお、肥料礦物調査所は、国内のリン鉱石資源調査を目的として、一九〇一年（明治三四）四月、農商務省地質調査所（独立行政法人産業技術総合研究所地質調査総合センターの前身）から分離独立する形で設置された国立の調査機関である。一八九四年八月、地質調査所技師の恒藤規隆《つねとうのりたか》（一八五七〜一九三八）が、宮崎県でリン鉱石を発見した。これにより、もっぱら輸入に頼っていた燐酸が国内で自給できるかもしれない、という期待が高まり、国立機関が設置されることになったのである。所長に任命されたのは恒藤であった。

高千穂と兵庫丸は二四日に鳥島に寄航した。しかし、「玉置村」と呼ばれていた入植村落は完全に消え失せており、生存者は一人も確認できなかった。

二六日、兵庫丸は父島の二見港に入港した。『東京朝日新聞』の井倉和欽記者は、この地で水谷新六に面会している。じつは、水谷は六月以来、小笠原東方に存在するといわれていた「ロスヂヤデンス」（ロス・ジャルディン諸島）と「カンジス」（ガンジス島）を的矢丸で捜し続けており、数日前に船の修繕のために二見港に入港し、このとき初めて南鳥島事件のことを知ったのだという（『東京朝日新聞』九月三日・一一日）。

いっぽう、鳥島から南鳥島に直接向かった高千穂は、二八日に現地に到着し、二九日に駐箚隊を回収して帰途につき、小笠原に寄港したのち、九月五日に横須賀に戻った。

このとき吉田弟彦は、南鳥島のグアノが燐酸分三〇％以上の良質なものであることを報告している（『東京朝日新聞』九月二四日、吉田「南鳥島視察」『地学雑誌』第一四輯第一六六巻、一九〇二年)。このことが報道されるや、南鳥島とは無関係な人間が勝手に試掘権を出願し、水谷との間でトラブルになったという(恒藤規隆『予と燐礦の探検』恒藤事務所、一九三六年)。

九月一三日にホノルルに戻ったローズヒルは、四〇〇〇万ドルの損害賠償を日本政府に要求せよ、とアメリカ政府に要請する。しかし、アメリカ政府は日本側に対して何の正式回答もよこすことなく、結局、この一件はうやむやのうちに決着してしまったのであった。

### 南鳥島鳥糞燐礦会社

南鳥島ではこの年一一月中旬から、脚気と、赤痢と思われる病気が流行しはじめ、しまいには当時の移住者四九名全員が発病し、一九名までが命を落とす惨状になったという(野呂「南鳥島について」)。

細かい経緯は明らかでないが、その後、南鳥島のリン鉱採掘のために「南鳥島鳥糞燐礦会社」が設立された。同社の代表は金十舎の市川喜七であり、水谷も参加している。一九〇八年(明治四一)には同社が島の一〇年間に及ぶ借用期間の延長を許可されている(《東京府文書》「明治四一年・第一種・文書類纂・地理・第一二類・雑件」628.C5.04)。

### 日米アホウドリ紛争

南鳥島事件においてアメリカ政府があっさりと引き下がった裏には、この紛争を長引かせると藪蛇になりかねない、という認識があったといわれている。日本側が、対抗措置としてミッドウェイ環礁やウェーク環礁などの領有権を主張してくる、という可能性も考えられたからである。

もともとアメリカは、一八六七年（慶応三）八月にミッドウェイの領有を宣言したものの、その後に入植に失敗したせいもあって放置してきた。ところが、ハワイ併合とグアム・フィリピン領有によって、北西ハワイ諸島に戦略的価値が生じてきた。アメリカ本国とフィリピンとをつなぐ海底ケーブルの敷設を計画したアメリカ政府は、一八九九年（明治三二）一月、ウェーク環礁をケーブル中継基地とするため、軍艦を派遣して領有を宣言した。さらに北西ハワイ諸島の調査に乗り出したところで、アメリカ側は、日本人がこの島々で無断でアホウドリ猟を行っていることに気付いたのである。一九〇二年六月には、アメリカ側は、ウェーク環礁にも日本人が住みついていることを確認している。

なお、日本外務省は、一九〇二年三月の時点で、「ウェーク島は現時何レノ国ノ所属ニモアラザルガ如シ」と判断している（前出「国家及領域問題ニ関スル雑件」JACAR B03041160200）。アメリカのウェーク占領は日本の新聞（『東京朝日新聞』一八九八年一二月二九日など）でも大きく報じられていたことを考えると、外務省の調査能力を疑いたくなるが、それだけ一方的な領有宣言は気付かれにくい、ということかもしれない。

日本人の密猟に業を煮やしたアメリカ政府は、一九〇三年一〇月、鳥類捕獲禁止令を発令する。さらに、一九〇九年二月には、大統領命令によって北西ハワイ諸島全域（ミッドウェイ環礁とクレ環礁を除く）が鳥類保護区に指定された。それでも日本人による組織的な密猟はなかなか後を絶たなかった。一九〇四年には、リシアンスキー島で密猟者七七名が餓死寸前の状態に陥っているところを保護されており、一九〇八年一二月にはパール・アンド・ハーミーズ環礁で密猟者三名が救助され、一九一〇年一月にはレイサン島で密猟者二三名が逮捕される、といった事件が起こっている（平岡昭利「北西ハワイ諸島における一九〇四年前後の鳥類密猟事件」『下関市立大学論集』第五〇巻第一・二・三合併号、二〇〇七年、同「明治末期　北西ハワイ諸島における日本人による鳥類密猟事件」同、第五一巻第一・二・三合併号、二〇〇八年）。

## 鳥島の再入植

一九〇三年（明治三六）四月、玉置半右衛門は鳥島への再入植を行い、再びアホウドリの撲殺に手を染めることになる。しかし、一九〇六年にアホウドリが保護鳥に指定されたため、事業は終焉を迎える。もっとも、実際にはその後も撲殺は続けられていたらしい。一九二二年（大正一一）にいったん無人島化するも、一九二七年（昭和二）に八丈島民が再入植。一九三三年八月に鳥島は禁猟区に指定されるが、その直前には三〇〇〇羽以上が最後の大虐殺の犠牲となり、生き残ったのはわずか数十羽にすぎなかったという（山階「伊豆七島の鳥類」）。一九三九年の再噴火により入植者は撤退。戦後は気象観測所が置かれたが、一九六五年の群発地震により撤退、以後は無人島となっている。

# 東沙（プラタス）島事件

日露戦争中の一九〇四年（明治三七）九月、島根県の中井養三郎は、日本海上、隠岐《おき》諸島と鬱陵島《ウルルンド》の間にある「リャンコ島」の領土編入と拝借を求める請願を、芳川顕正《よしかわあきまさ》内相・小村寿太郎外相・清浦奎吾《けいご》農商務相に提出した。その目的は、この岩礁に棲息するニホンアシカの狩猟を独占することにあった。このリャンコ島が、現在、日本側が「竹島」、韓国側が「独島《トクド》」と呼んでいる島である。

## 「竹島」の領土編入

鬱陵島の東方に岩礁が存在することは、早くから知られていた。江戸時代の日本では、鬱陵島のことを「竹島」、リャンコ島のことを「松島」と呼んでいた。いっぽう、一九世紀初めの欧米製海図では、この海域に「ダジュレー島」と「アルゴノート島」という二つの島が東西に並んで描かれていた。前者は一七八七年（天明七）にフランスのラ＝ペルーズ伯爵が〝発見〟したものであり、後者は一七九一年に先述したアルゴノート号のコルネット船長が〝発見〟したものである。シーボルトは、西側のアルゴノート島を竹島、東側のダジュレー島を松島に比定した。ところが、アルゴノート島は実在しないことが後で判明する。じつは、この島はダジュレー島＝鬱陵島の位置誤認にすぎなかったのである。このせいで、欧米製海図では、鬱陵島は「松島《マツシマ》」と呼ばれることになってしまった。

一八四九年（嘉永二）、フランス船リァンクール号（*Liancourt*）が鬱陵島東方の岩礁を目撃し、リァンクール列岩と命名した。日本では、これが訛《なま》って「リャンコ島」と呼ばれるようになる。

中井は、もともとリャンコ島は韓国領だと考え、韓国政府に拝借請願を行うつもりでいた。ところが、水路部の肝付兼行《きもつきかねゆき》部長が、この島の領有権は未確定である、と説明したため、日本への領土編入を求める方向に切り替えたのである。

一九〇五年一月二八日、第一次桂太郎内閣はリャンコ島を「竹島」の名で島根県隠岐島司に編入することを閣議決定し、二月二二日付の島根県告示第四〇号によって編入した。なぜ「竹島」の名が採用されたかといえば、隠岐島司の東《ひがし》文輔が、隠岐島民は鬱陵島のことを竹島と呼んでいるが、海図によれば鬱陵島は「松島」であり、したがって「竹島」はリャンコ島に違いない、と勘違いしたからである。日露戦争中の編入であり、この年五月にはこの島の近くで日本海海戦が起こっていることや、編入に水路部が関与していることなどから、この編入は軍事目的によるものとする説もある。ただし、民間人による資源開発を目的とした府県告示レベルでの領土編入、という点では、少なくとも形式的には、先行する南鳥島や沖大東島と同じである。

翌一九〇六年三月、島根県は竹島と鬱陵島の実地調査を行った。このとき、鬱陵島を管轄する鬱島《ウルド》郡守の沈興沢《シムフンテク》は、日本によるリャンコ島＝竹島編入のことを初めて知らされ、驚愕する。沈の認識では、この島は鬱島郡に属する「独島」のはずだったからである。

「独島」という島名の文献上の初出は一九〇四年であり、一九世紀末に鬱陵島に入植した人々がつけた名と考えられている。問題は、果たしてこの島が本当に鬱島郡の管轄下にあったのか、ということである。現在、韓国政府は、一九〇〇年一〇月二五日付の韓国勅令第四一号によって鬱島郡が設置された際、この島は「石島」の名で管轄区域に編入された、と主張している。ただし、「石島」という島名はこの勅令以外には見えず、勅令の文面だけではどこの島なのかもはっきりしない。そのため、決め手を欠くという批判もある。

いずれにせよ、韓国は一九〇四年八月の第一次日韓協約によって日本政府から派遣された顧問を置くことが定められ、さらに一九〇五年一一月の第二次協約（乙巳《いっし》保護条約）により外交権を剝奪され、日本の保護国と化している。つまり、事態に気付いた時点では、すでに抗議どころではない状況にあったことになる。そして、一九一〇年には国家自体が日本への「併合」という形で滅ぼされてしまう。

竹島産のニホンアシカは、アホウドリよりもさらに悲劇的な経過をたどることになった。何の保護策も立てられないままに乱獲が進み、一九五〇年代には島から姿を消してしまう。ニホンアシカの確実な捕獲例は、一九七四年（昭和四九）が最後とされている。

## 水谷新六のプラタス島再探検

一九〇三年（明治三六）七月、横尾東作が急逝する。横尾は死の直前まで、足尾銅山鉱毒事件の被害農民をニューギニア附近の未開拓の島に入植させる、という案を政府に提出するなど、「南進」の夢を捨てずにいた。恒信社の経営は長男の愛作が引き継ぎ、一九〇四年には株式会社日本恒信社に改組されている。同社は一九〇五年と一九〇七年夏の二度、長風丸をプラタス島に派遣して調査を行った。

いっぽう一九〇七年五月、水谷新六は、基隆《キールン》の西村竹蔵と共同で、台湾丸というジャンク船によるプラタス島の調査を試みた。南鳥島での経験から、リン鉱石の採取やカツオドリの捕獲も十分に収益になる、と考え直した結果であろう。ところが、五月二一日にプラタス島に寄港し、水谷ら九人が上陸したところで急に暴風が起こり、台湾丸は吹き流されてしまい、水谷たちは食糧もないままに島に取り残されてしまった。水谷自身、南鳥島脱出のときと比べても「今度と云ふ今度ほど弱り果てたことはありませぬ」と語ったほどの危機的状況であった。もっとも、このとき島には中国人が二人滞在していて、薬草の採集とタイマイの捕獲を行っていた。彼らは米を持っていたものの、水谷たちには分けてくれず、その代わりに釣竿と鍋を貸し与えたという。水谷たちは六月一一日に大阪商船の汽船・福州丸に救助された。この後、水谷と西村は資金難のために開拓の続行を断念し、西沢吉治に事業を譲り渡すことになる（『台湾日日新報』六月二六〜二七日・七月四日・三〇日）。

## 西沢吉治のプラタス島開拓

八月八日、西沢・西村らは汽船・四国丸に乗って台湾を出航し、一二日にプラタス島に上陸した。西沢はこの島を「西沢島」と命名し、日章旗を掲げて日本領と宣言、リン鉱石の採掘に着手する。西沢は厳しい労働規則を制定し、違反者には罰金を科した。

翌一九〇八年（明治四一）六月に島を視察した台湾総督府技師の福留喜之助は、島のリン鉱石の総量は約一八万トン、価値にして約一六二万円と報告している（福留「不臘達斯《プラタス》島視察報文」《海軍省公文備考》明治四一年・巻一〇八、所収。JACAR C06092133700, C06092133800）。福留の報告によれば、島の総人口は四二四人で、島内には軽便鉄道や電話線が整備されており、さらには「西沢島通用引換券」という金券が発行されていたという。明らかに玉置半右衛門の大東島経営の模倣である。なお、福留は「衛生状態ハ比較的良好」と報告している。しかし、同時期に燐礦分析と衛生事業のため島を訪れた村瀬次郎は、実際の衛生状態は劣悪で、入植者の四割が何らかの病気であり、死者が続出していることを指摘し、さらに島の経営が「個人経営且《か》つ私法専制的」で「全然監獄同様〔、〕否寧《いなむし》ろより以上の酷政を以《もっ》て取締を為《な》す」という状況であったことを報告している。また、西沢が徴収した罰金は死亡者への弔慰金などに当てられることになっていたが、実際に支払われたことはなかったという（村瀬「プラタス島状況」『薬学雑誌』第三三〇号、一九〇九年）。

なお、この島には定住者がいないとはいえ、中国人漁民が漁業に利用している、という事実を、西沢が知らなかったはずはない。ただし、そのことがはらむ問題、すなわち、清朝側が領有権を主張してくる可能性については、西沢は軽視していたようである。

ついでながら、西沢の長男と次男は、基隆から一字ずつとって、基一、隆二と名付けられている。「西沢島」上陸直後に生まれた三男は志摩三と名付けられた。基一は経営学者、隆二（筆名ぬやま・ひろし）は日本共産党の活動家（のち除名）、志摩三（松丸家の養子となる）は農業評論家として知られている。

## 東沙島事件

ところが一九〇九年（明治四二）三月、清朝の広東《カントン》水師提督・李準は、水雷砲艦・飛鷹《ひよう》号と開辨《かいべん》号をプラタス島に派遣し、一日と一〇日の二度にわたり実地調査を行った。ついで三月一六日、両広総督（広東・広西両省の長官）張人駿は、日本側に対し、東沙島（プラタス島）は自国領だとする通告を行った。

このころ、広東地方では反日感情が高まっていた。前年二月、日本の汽船・第二辰丸が、澳門《マカオ》沖において武器密輸の容疑で清側に拿捕される、という事件（辰丸事件）が起こった。このとき、日本側が密輸問題を棚上げして清側に謝罪を強要したため、広東を中心に史上初の大規模な日貨ボイコット運動が引き起こされたのである。その余波も冷めやらぬうちにこのような事件が起ったため、広東地方では激しい対日抗議活動が引き起こされている。

清側が、事態の把握と公式な抗議までに一年半以上もの時間を費やした理由は明らかでない。もっとも日本側は、領有権が清朝にあることを認め、清側に西沢の事業を買収させる形で事態の収拾を図った。西沢は賠償金五〇万円を要求したが、七月一七日に行われた両国共同視察により、島の施設が予想外に貧弱であることが判明し、金額をめぐってしばらく揉めることになる。結局、一〇月一一日（清宣統元年八月二八日）に「「プラタス」島引渡ニ関スル取極《とりきめ》」（「交還東沙島條款」）が結ばれ、清朝は西沢に対して一六万元（当時の日本円で約一〇万円）を支払い、西沢も漁業権侵害などの賠償として清側に三万元を支払う、ということで決着がつけられた。

ちなみに西沢は、浅野セメントの代理店という立場を利用して、台湾総督府から浅野セメントに築港用セメントの代金として支払われた金のうち四〇万円あまりを、無断で島の開拓に流用していたという。この資金はのちに回収されたというが、だとすれば西沢の損害額はさらに膨れ上がったことになる（社史編纂委員会〔編〕『七十年史』日本セメント、一九五五年）。

## ラサ島争奪

玉置半右衛門は、沖縄県の奈良原知事に対し、一九〇六年（明治三九）三月二二日付で一五年間にわたる沖大東島無償開墾の許可を請求、四月一四日付でその許可を得て、沖大東島に調査船を派遣した。このとき、調査に参加した水谷の甥が岩石標本を持ち帰り、恒藤規隆にその一部を送った。それを一見した恒藤は、ただちにこれが良質なリン鉱石であることを見抜く。恒藤は、一九〇三年一二月に肥料礦物調査所が廃止されたのを機に官職を退き、民間による燐鉱開発をもくろんでいた。ところが、このことを知った三重県四日市の実業家・九鬼紋七が計画に介入しようとし、玉置と、それに独自に利権を確立しようとした水谷との間で、紛争が引き起こされることになった。

一九〇七年九月、恒藤は玉置・九鬼らと合同で第一回調査隊を沖大東島に派遣した。この後、西沢吉治も、水谷と手を組んで沖大東島に手出しをしようとしている（『東京朝日新聞』一九〇九年七月二二日付、南溟生「西沢島事件の主人公吏に琉球の無人島に着眼す」『商工世界太平洋』第八巻第一八号、一九〇九年）。

恒藤は、一九一〇年一〇月に沖大東島開拓を目的として日本産業商会を設立、同年一一月に第二回調査隊を派遣した。その後の詳しい経緯は詳《つまび》らかでないが、最終的には恒藤がすべての権利を掌握することに成功し、一九一一年二月にラサ島燐礦合資会社を設立、島の本格的な開発に乗り出す。同社は一九一三年に株式会社となり、一九三四年（昭和九）にはラサ工業株式会社と改称している。

沖大東島鉱山の採掘は、一九四四年に戦争のため閉山されるまで続けられた（一九二九～三三年は中断）。その間に採掘されたリン鉱石は、粗鉱二四三万トン、精鉱約一六〇万トンにのぼるという。また、沖大東島は一九三七年からラサ工業の私有地となっている（恒藤『予と燐礦の探検』、『ラサ工業80年史』ラサ工業、一九九三年）。

# 中ノ鳥島の謎

## 中ノ鳥島の〝発見〟と〝編入〟

一九〇八年（明治四一）四月。阿利孝太郎・小笠原島司のもとに、東京市小石川区諏訪町（現・文京区後楽）の山田禎三郎なる人物が、「小笠原諸島に属する島を新たに発見した」として、問題の島の地図を添えて届け出た。

**「小笠原島所属島嶼発見届」**

小笠原島所属島嶼発見届

拙者《せつしや》儀明治四十年八月中北緯三十度五分東経百五十四度二分ノ所ニ於《おい》テ一島嶼ヲ探検シ其《その》面積地質等左記諸項ノ如《ごと》クニシテ当然小笠原島所属ニ属スベキモノナルヲ発見致候間《いたしそうろうあいだ》概測図面相添《あいそ》へ此《この》段御届申上候也《もうしあげそうろうなり》

一　該島ハ小笠原島ヲ距《さ》ル五百六十哩《マイル》ニシテ全島周囲一里廿五町ナリ

二　島内全面積六十四万三千七百坪

三　地積八分通リ迄燐礦《までりんこう》堆積シ其《その》厚サハ平均六尺位ニシテ之《これ》ニ含有セル燐酸石灰ハ二十パーセント乃至《ないし》二十五パーセントトナリ

四　樹木ハタコノ樹一坪平均一本位アリ稀《まれ》ニカヤ樹ヲ見ル飲用水ノ自然ニ湧出スルモノナシ

五　鳥類ハ馬鹿鳥（白黒）一見数百万羽ヲ算ス

六　該島ハ海図ニ於ケルガンジスアイランド（GANGES. I.）ニ相当スト思惟《しい》ス

七　探検ノ上別紙図面ノ如ク島内ヲ三分シ仮ニ小字《こあざ》ヲ日向平、真鳥山及《および》西向平ト命名セリ

船付場所ハ西向平ニシテ之ヲ西港ト仮称セリ

右

明治四十一年四月二十八日

東京市小石川区諏訪町二十番地

発見者　山田禎三郎

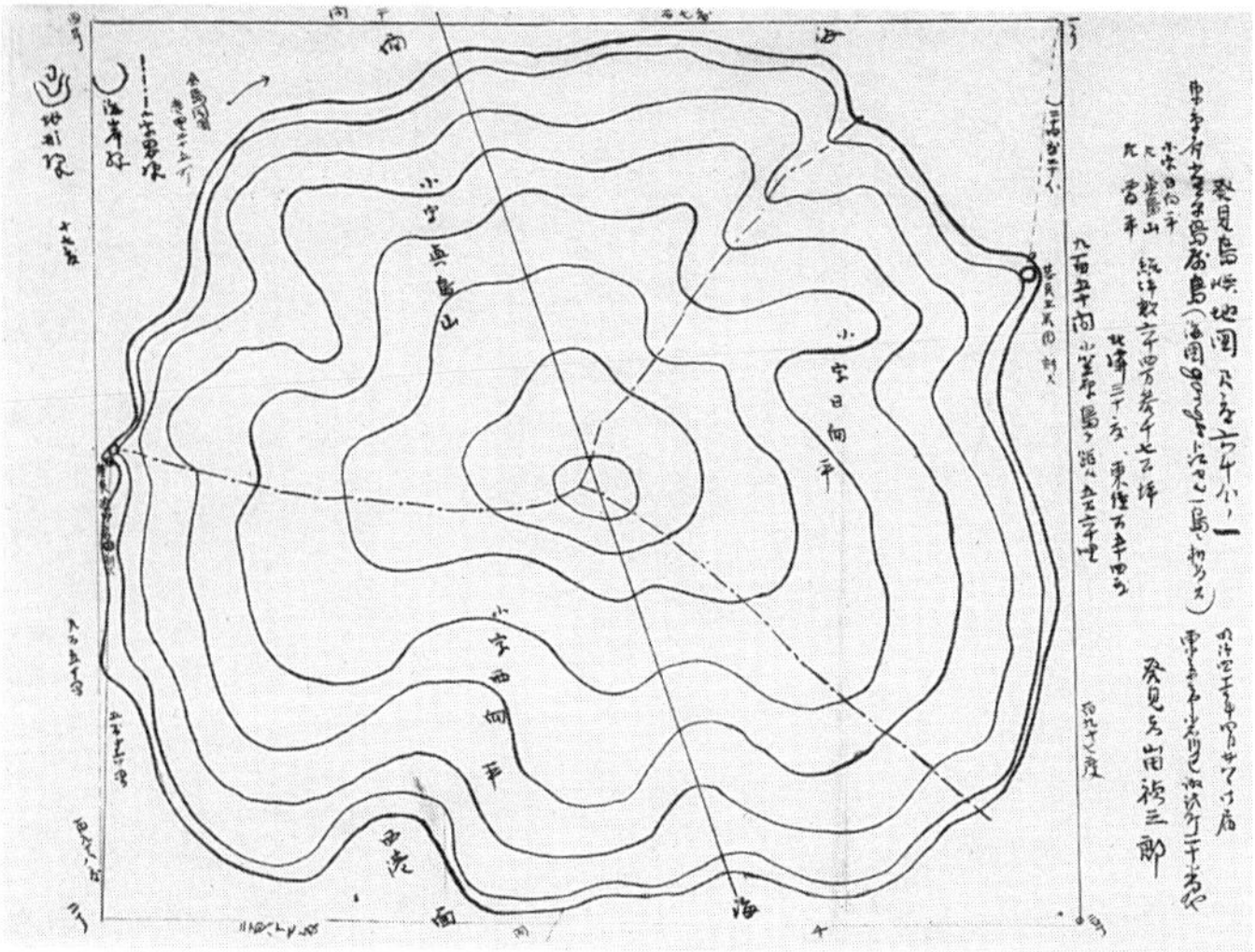

図20 「発見島嶼地図」(《公文類聚》所載)

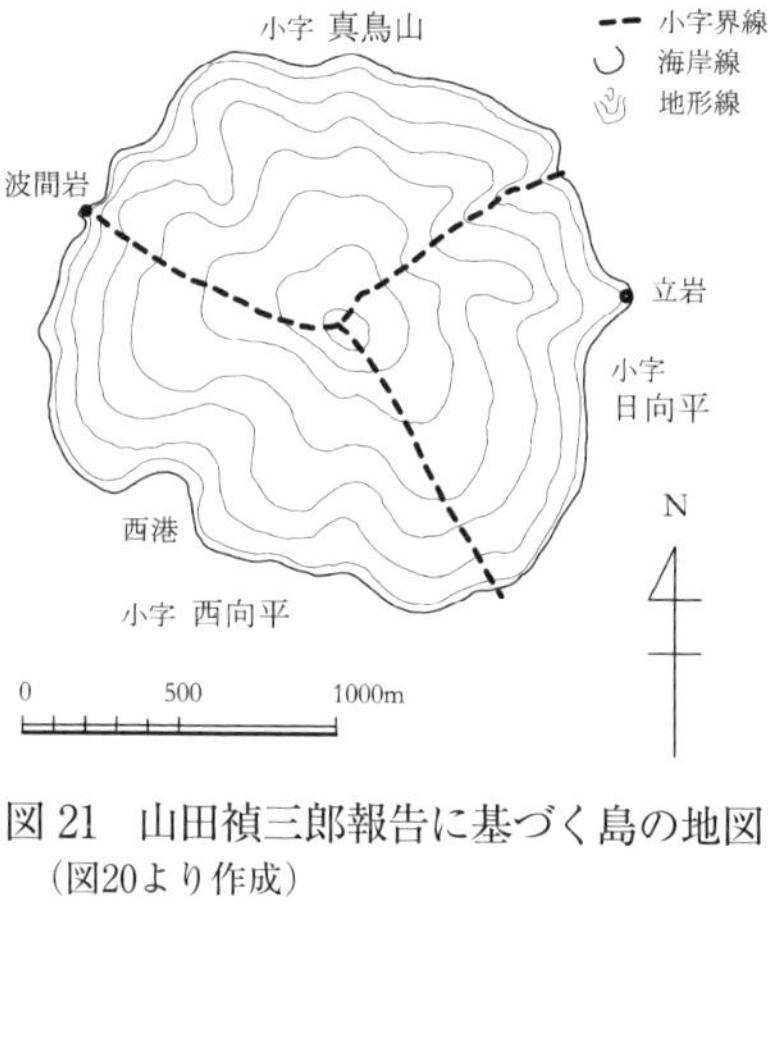


図 21 山田禎三郎報告に基づく島の地図
(図20より作成)

東京府小笠原島々司阿利孝太郎殿

《公文類聚》第三二編・明治四一年・第一巻、NAJ類01049100-03200。他に、《東京府文書》「明治四一年・第一類・文書類纂・地方・第一八類・島嶼」628.C2.15、《海軍省公文備考》明治四一年・巻七四土木一〇「樺太地名改正ノ件及中ノ鳥島発見ノ件」JACAR C06092094300、《外務省記録》「帝国版図関係雑件」JACAR B03041153200を参照した）

すなわち山田は、一九〇七年八月にこの島を〝発見〟したのみならず、上陸調査を行い、地質や生物の観察をはじめ、地図の作成まで行ったことになる。

## 「発見届」の謎

それでは、この発見届の内容を検討してみることにしよう。

まず、この島は「小笠原島」から五六〇海里（約一〇四〇キロ）の位置にある、とされている。しかし、父島からこの島までの実測距離は約六五〇海里（約一二〇〇キロ）である。あるいは「五百六十」は「六百五十」の誤記とも考えられるのだが、その後の公文書でもこの数字はそのまま使われ続けている。「当然小笠原島所属ニ属スベキ」というのには無理があるが、南鳥島同様、日本の領有権を主張するための方便であろう。また、この島は海図上の「ガンジス島」という島に相当するのではないか、という。

島の大きさは、外周一里二五町（約六・七キロ）、面積六四万三七〇〇坪（約二・一三平方キロ）であったという。発見届に添付された地図を見ると、この島はやや歪《ゆが》んだ楕円形をしており、北側の「真鳥山」、東側の「日向平」、南西側の「西向平」の三地域に区分されている。地図には「地形線」が描き込まれており、島の中央が高くなっているようであるが、どの程度の高さなのかは不明である。このような地形からすると、この島は環礁や隆起珊瑚礁ではなく、火山島だと推測される。

また、島内には「燐礦」（リン鉱石）が平均六尺（約一八〇《センチ》）にわたって堆積していたという。

さらに、島内にはタコノキが一坪（約三・三平方《メートル》）平均一本くらいの割合で生えていたという。タコノキはタコノキ科に属する小笠原固有の樹木で、茎の基部近くから気根を放射状に出し、あたかもタコが足を伸ばしているように見えるところからこの名がある。しかし、この植物は亜熱帯産で冬に弱く、北緯三〇度のこの島に分布できるのかどうか疑問が残る。

それ以上に問題なのはカヤである。「カヤ樹」と書かれているので、ススキやチガヤなどの草（茅《カヤ》）ではなく、イチイ科の常緑針葉樹（榧《カヤ》）であろう。しかし、カヤは暑さや塩風に弱く、また、裸子植物なので種子散布力が弱い。したがって、絶海の孤島に生育するとは考えにくいのである。

また、この島には「馬鹿島」すなわちアホウドリが「数百万羽」もいたという。「白黒」とあるのは、アホウドリに加えて近縁種のクロアシアホウドリもいた、という意味と思われる。しかし、先述したように、アホウドリが営巣地にいるのは冬場であり、山田が島を〝調査〟したとする八月に、島で見かけることはないはずである。もちろん、冬場に再調査を行ったとすれば説明はつくが、不審な記述ではある。

なお、山田は発見届と同じ日付で、阿利島司に対して「小笠原島所属島ニ於《おい》テ捕鳥之《の》儀特許願」も提出している。これは、島のアホウドリを「捕獲シ其《その》肉之《これ》ヲ食料ニ供シ其羽毛ハ之ヲ海外へ輸出」するため、今後一五年間にわたる捕鳥の特許を申し出たもので、山田のほか、大石巳之吉と大石政三という二人の人物が連署している（《東京府文書》）。

五月一日、阿利島司は阿部浩東京府知事に対して山田の発見届を提出し、すみやかに島名と行政管轄区域を決定することを上申した（《東京府文書》）。さらに四日には、阿部知事から原敬《たかし》内相に対して上申が行われている。

## 「性来山気に富みし人物」

東京発行の新聞各紙は、六日付朝刊で、この「新島発見」のニュースを一斉に報じた。『東京朝日新聞』は、山田は「昨年八月は特に此《この》新島調査の目的にて太平洋上に出掛けたるなりと云《い》ふ」と報じている。ところが『国民新聞』によれば、山田は、元千葉県（茨城県の誤り）師範学校校長で、その後に普及舎という出版社の社長となった「性来山気《やまけ》に富

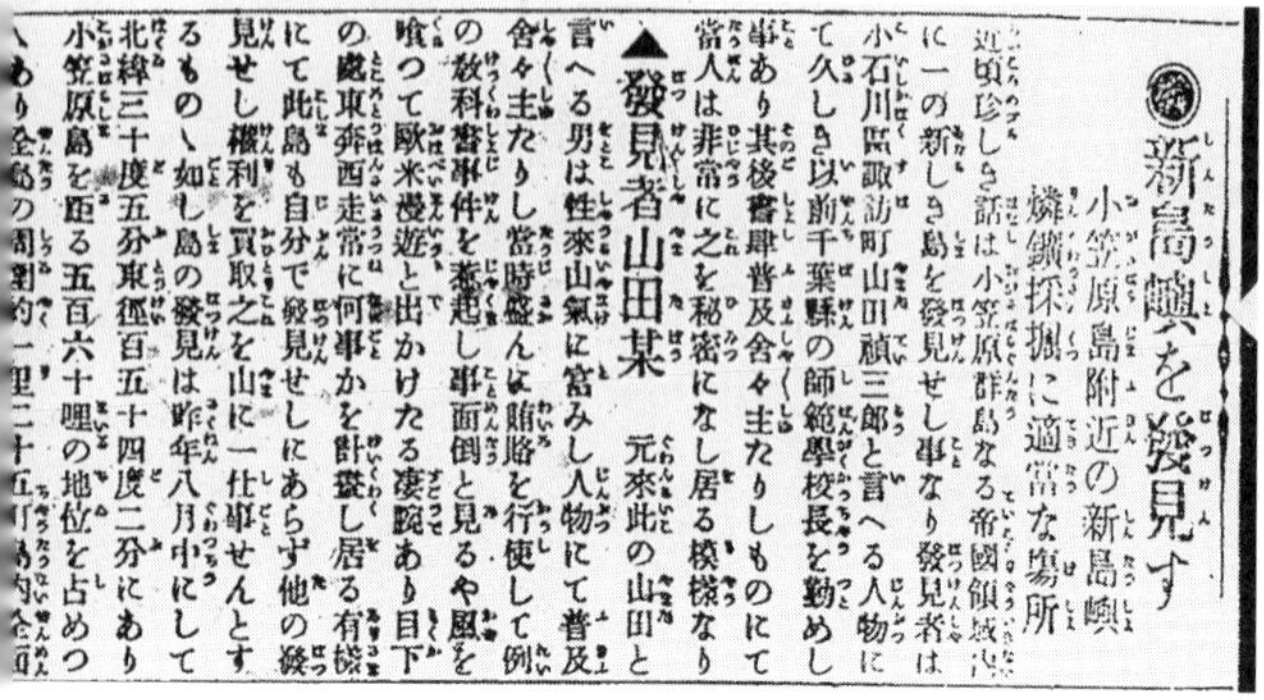
新島嶼を發見す
小笠原島附近の新島嶼
燐鑛採掘に適當な場所

近頃珍しき話は小笠原群島なる帝國領域内に一の新しき島を發見せし事なり發見者は小石川區諏訪町山田禎三郎と言へる人物にて久しき以前千葉縣の師範學校長を勤めし事あり其後書肆普及舍々主たりしものにて當人は非常に之を秘密になし居る模樣なり

▲發見者山田某　元來此の山田と言へる男は性來山氣に富みし人物にて普及舍々主たりし當時盛んに賄賂を行使して例の教科書事件を惹起し事面倒と見るや風を喰つて歐米漫遊と出かけたる凄腕あり目下の處東奔西走常に何事かを計畫し居る有樣にて此島も自分で發見せしにあらず他の發見せし權利を買取之を山に一仕事せんとするもの丶如し島の發見は昨年八月中にして北緯三十度五分東徑百五十四度二分にあり小笠原島を距る五百六十哩の地位を占めつゝあり全島の周圍約一里二十五町あり全面

みし人物」であり、「此島も自分で発見せしにあらず〔、〕他の発見せし権利を買取《かいとり》」、「燐《りん》酸《さん》を掘り出して大に儲けんとする所存」で、すでに「目下盛んに燐酸を採掘しつゝある模様なり」という。つまり、これを信じるとすれば、山田は他人の発見した島の権利を、リン鉱石の採掘権を目当てに買い取ったものである、ということになる。

## 山田禎三郎と教科書疑獄

山田禎三郎（一八七一〜一九三〇）は、長野県諏訪郡東堀《ひがしぼり》村（現・岡谷市長地《おさち》）に生まれた。一八九四年（明治二七）に東京高等師範学校（筑波大学の前身）を卒業後、千葉県尋常師範学校（千葉大学教育学部の前身）教諭などを経て、一八九九年に茨城県師範学校（茨城大学教育学部の前身）の校長となったものの、翌一九〇〇年四月に辞任、翌一九〇一年に教科書出版社である普及舎の社長に就任している。また同年一〇月には、普及舎と金港堂・集英堂の三社が組織した教科書トラストである帝国書籍株式会社の取締役も兼任し

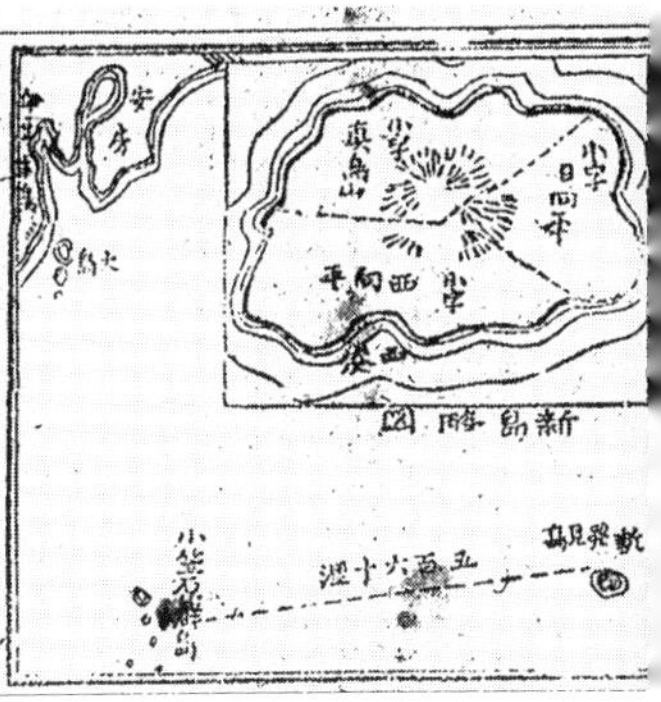


積六十四萬三千七百坪地積は八分通り迄燐酸堆積し其の厚さは平均六尺位之に含有せる燐酸石灰は二十パーセント乃至二十五パーセントにて山田は此の燐酸を掘り出して大に儲けんとする所存なり

▲島内の動植物　便宜上此の島内を三分し日向平眞島山西向平と言ひ船付場所は西向平に定め之を西港と假稱し目下盛んに燐酸を採掘しつゝある模樣なり島内の動植物にはタユと稱する樹木が一坪平均一本位あり又たカヤと呼ぶ樹も稀れに見受けらるゝが飲用水は自然に湧き出づる場所なしとの事なり鳥類には信天翁數萬羽あり白色と黒色との二種を含む由

図22 『国民新聞』1908年５月６日「新島嶼を発見す」

ている。

ところで、当時の小学校教科書は検定制であり、民間出版の教科書を文部省が検定したのち、各府県の小学校図書審査委員会が採択する、という方式がとられていた。ところが、この制度は汚職の温床になっていた。一度教科書が採択されれば、同じ教科書がその府県全域で五年間にわたって使われるので、教科書会社には莫大な利益が約束されるからである。そのため、教科書会社側がさまざまな工作を繰り広げることになったのである。

山田自身は、教科書業界に転身した理由について、「民間書肆《しょし》［出版社］の営業方法によりてこの弊風《へいふう》［悪習］に遠ざかる道を講ぜんと欲し」たためであり、トラストにしても、「同業者の一致団結によりて運動の醜弊《しゅうへい》を絶滅」させることを目的としたものであった、と述べている（山田『欧羅巴《ヨーロッパ》各国ニ於ケル教科書制度ノ

図23　山田禎三郎（『太陽』第19巻第7号，1913年）

調査』一九〇三年）。もっとも、一部の報道によれば、山田は千葉師範教諭のころから集英堂と癒着しており、茨城師範校長となれたのも集英堂が裏で文部省に手回しをしたからである、ともいう（『二六新報』一九〇三年二月二五～二六日）。

また山田は、一九〇二年八月の衆議院議員総選挙に長野県長野市区（定員一）から無所属で立候補し、落選している。このとき山田は「金銭の前には親子なし、一票五十円で買つた処《ところ》が知れたものだと正金一万円を懐中し孤影飄然《ひょうぜん》長野に乗込んで金力に委《まか》せて片つ端から買収せむとした」と伝えられる（江川為信『信州政党史』盛文堂書店、一九二六年）。

同年一二月一七日未明、東京地方裁判所検事局は、金港堂・集英堂・普及舎など東京の教科書会社各社、およびその関係者に対して一斉家宅捜索を開始した。山田自身は、この直前に教科書事情調査のためにヨーロッパ旅行に出発していたため逮捕を免《まぬが》れているが、留守宅が家宅捜索を受けている。事件はまたたく間に全国に波及し、数ヵ月に及ぶ捜査によって、県知事・衆議院議員・県会議員・師範学校長・教科書会社関係者など、じつに一五〇人以上が拘束されるという事態に発展する。

さらに、それだけでは済まなかった。一九〇三年四月、政府は、検定制が汚職の温床になっている、として小学校令を改正し、小学校教科書を国定化した。このため、この事件は国定化を狙った謀略だったのではないか、とする説もあるが、確たる証拠があるわけではない。山田は、同年一一月に『欧羅巴各国ニ於ケル教科書制度ノ調査』を刊行し、国定制では問題の解決にならない、として自由選択制を採用することを訴えたが、時はすでに遅すぎた。以後、国定制は一九四七年（昭和二二）の学校教育法施行まで続けられ、その後の日本の教育界、ひいては日本社会全体に大きな影響を及ぼしていくことになる。

## 秘密手帳の謎

ところで、この事件の発端を作ったのが他ならぬ山田禎三郎であった、とする説がある。事件進行中の一九〇三年（明治三六）一月に出された丿乀《へつふつ》生〔編〕『大疑獄　教科書事件』（特報社）という書物によれば、「当局者の着手を促《うなが》したる有力なる導火線」となったのは、山田禎三郎が「大切の秘密書類を収めたる折鞄を遺失したる事」であったという。すなわち、あるとき、山田は汽車の中で鞄をスリに盗まれた。スリは鞄の中にあった金のみを奪い取り、それ以外の書類などは鞄ごと捨てられてしまう。その鞄があとで拾われて警察に持ち込まれ、中身を確認されることになった。ところがその中には、事件の「有力なる一大証拠物」となった「秘密の手帳」が入っていた、というのである。ただし、教育史家の梶山雅史は、事件初発の起訴は普及舎ではなく集英堂・金港堂にかかわる収賄容疑であることなどを挙げ、この「手帳」説は「実証し難い」と指摘している（梶山「明治教科書疑獄事件再考」本山幸彦教授退官記念論文集編集委員会〔編〕『日本教育史論叢』思文閣出版、一九八八年、所収）。

ついでながら、東京府知事阿部浩は事件当時は千葉県知事で、起訴はされなかったものの、一時、拘禁を受けている。集英堂と金港堂から贈賄を受けていた県会議長に有利になるような工作を行った、という疑惑が持たれたのである。当時、千葉県会ではこの両社に加え、普及舎も大規模な贈賄工作を展開していた（池田宏樹『日本の近代化と地域社会』国書刊行会、二〇〇六年）。状況証拠のみではあるが、阿部と山田との間には以前から怪しい関係があった可能性がある。

話を発見届に戻す。

## ガンジス島とガンジス礁

床次《とこなみ》竹二郎内務省地方局長は、五月一三日付で、水路部に対してこの新発見島に関する調査を行うよう依頼した。これに対し、坂本一水路部長は二一日付の回答において、水路部にもこの島に関する資料は存在しないが、その位置から見て、発見届が主張するように「ガンジス島」だと思われる、と述べ、関連する資料を三つ紹介している（《公文類聚》）。

まず、英国水路部の『太平洋諸島水路誌』第一巻（一九〇〇年）によれば、北緯三〇度四七分・東経一五四度一五分にガンジス島、北緯三一度五分・東経一五四度一六分（ガンジス島の北方約三三キロ）にガンジス礁がある、とされている。この附近に危険な礁がある、という報告がしばしばあるのだが、その位置については確実な報告がひとつもなく、そのため、その存否を確定する必要があるという。

いっぽう、アメリカ水路部の『北太平洋危険報告追補』（一八八〇年）によれば、ガンジス礁（北緯三一度八分・東経一五四度二〇分、あるいは北緯三一度三分・東経一五四度八分）とガンジス島（北緯三一度・東経一五四度四五分）の附近を太平洋汽船の船舶がしばしば通過しているが、両島は存在しない、と報告しているという。

そして、最後に挙げられているのが、一八九八年（明治三一）、水路部の編修が小笠原群島に出張した際に聴取したという覚書である。

曩《さき》に玉置半右エ門なるもの一島［鳥島］を発見開拓し巨万の財を蓄ふるに至りたるを以て同島［小笠原］の有志者当時海図上に記載せられたるガンヂス島（位置疑はしと附記しあり）を探検せんと之《これ》が捜索に従事せしも発見すること能《あた》はざりしと［〇］如上《じょじょう》の事実を綜合し現今、日本水路誌第一巻三四四頁には左記の如く掲記せり

ガンヂス島及礁〔Ganges island and reef〕

北緯三〇度四七分東経一五四度一五分にガンヂス島あり［〇］又《また》北緯三一度五分東経

一五四度一六分に一礁あり○是等《これら》の危険は往時より屢々之《しばしばこれ》を認めたりとの報告ありと雖《いえども》［、］小笠原島人は曽《かつ》て数回之か探検に従事したるも遂に之を認めたることなしと云へり［。］海図上にはP.D符を置くと雖其《その》実有無未定なるが如し［。］航海者は宜《よろし》く警戒すべし†

すなわち、玉置半右衛門の柳の下のドジョウを狙った小笠原島民が、ガンジス島を捜索したことがあるという。

一八九四年（明治二七）三月、当時、小笠原島司であった北沢正誠は、東京地学協会例会での講演で、ガンジス島について触れた。北沢によれば、アイザックという「南洋航海ノ船長」にグランパス島の存否について尋ねたところ、彼は「此《この》島のあると云ふことはない、其無いと云ふことは私は首を出して御目《おめ》に掛けます」と断言し、その代わりにこんなことを言い出したという。

**「二倍も三倍も小笠原島より大きい」**

然《しか》るに此《この》グランパスを去ること九百哩《マイル》の所にガンジスと云ふ一《ひとつ》の島がある、此《この》所には信天翁《あほうどり》と云ふ鳥が沢山居《お》る、其《その》島は小笠原島と較《くら》べてみれば二倍も三倍も小笠原島より大きいと云ふことであります、まだ日本人は確《たしか》に之《これ》を認めたのでないと思ひます、……鳥島には白羽《しらは》の信天翁が居るのであるから是《これ》と経度［緯度の誤り］の同じガンジス島にも白羽の信天翁が居るだらうと云ふ［、］是れは想像であります、……鳥島と同じ経緯度［緯度の誤り］の所で寒暖の適合する所の此島《この》を発見したならば一の新利益を開くであらうと云ふ説でありました、†（北沢「小笠原島近状」『東京地学協会報告』第一四年第四号、一八九四年）

もともとガンジス島は、水路誌ではそれほど大きな扱いを受けていなかった。フィンドリーの『北太平洋水路誌』や、その翻訳である『南洋群島独《ひとり》案内』では、「ガンヂス礁」は独立した見出しすら立てられておらず、その位置がごく簡単に記載されているだけである。ところが、日露戦争直前のこの時期には、すでにグランパス島に負けず劣らぬ荒唐無稽な噂話が広まっていたのである。

岡雷平という新聞記者が一九一〇年に上梓した『南洋群島　珊瑚島探検記』（博文館）によれば、時期は不明であるが、玉置半右衛門自身も「鳥糞《ちょうふん》の多い見込で、屢々《しばしば》探検を試みたが、遂《つい》に発見せられずに了《しま》つた」という。先述したように、水谷新六も一九〇二年にこの島を探索している。

この、正体不明の「ガンジス島」が、突然〝発見〟されたのである。ただし、山田禎三郎の報告位置は、『日本水路誌』の記載位置から南南西に八〇キロほどずれている。

阿部知事は原内相に対し、六月一一日付で新島の行政区画をすみやかに指定するよう求めている。それによれば山田は、東京鉱山監督署や小笠原島島庁に対し、リン鉱の採掘やアホウドリの羽毛採取事業が有望だと見込まれるので、島を拝借し開発したいと申し出ているという（《公文類聚》）。

## 「中ノ鳥島」の命名

原内相は西園寺公望《きんもち》首相に対し、七月一日付で「無人島名称并《ならびに》所属ニ関スル件」として、この新発見島について、『日本水路誌』の記載するところの「ガンジス島」とは「其《その》位置ニハ多少ノ差異アルニ依《よ》リ他日確定スルノ必要」があるものの、「帝国ノ版図ニ属スヘキ」という点では議論はないので、「中ノ鳥島ト名《なづ》ケ東京府小笠原島庁ノ所管ト」するために閣議に諮《はか》るよう要請している（《公文類聚》）。この段階で初めて「中ノ鳥島」という名前が登場する。この名前を誰が何のつもりでつけたのかは明らかではないが、鳥島や南鳥島同様にアホウドリが大量に棲息している（と報告された）ことに由来しているのは間違いないと思われる。この請議は法制局で審査にかけられることになった。

なお、この直後、首相は西園寺から桂太郎に交替している。社会主義者に対する西園寺の態度が生ぬるい、と考えた元老の山県有朋が圧力をかけた結果であった。

この間、法制局は小笠原島島庁を通じて山田に問い合わせをしており、山田はこれに応じて、七月一一日付で「上申書」を提出している。これによれば、山田は「新島ニ関シテハ目下尚《なお》実測ノ歩ヲ進メ、又《また》嚢《さ》キニ採集シ来《きた》レル信天翁《あほうどり》及《および》燐礦ノ見本ハ貿易商肥料会社等ニ配布シ将来所要ノ事業資金ヲ集メ」ているという。また、山田は「嚢キニ拙者《せっしゃ》新島発見ノコト新聞紙ニ散見セシ以来拙者事業ニ妨害ヲ試ミルモノ数人ニ及ヒ且ツ又《また》急ニ舩《ふね》ヲ艤《ぎ》シテ該新島探検ヲ実行スルモノアリ為メニ事情複雑奸詐《かんさ》［わるだくみ］百出シテ弊害言フ可《べか》ラサルニ至ルヘキハ前例アリテ明白ニ有之候《これありそうろう》」とも述べている。つまり、新聞に記事が出て以来、妨害工作や他のグループによる探検調査が相次いでいるため、「一日モ早ク燐礦試掘並《ならび》ニ捕鳥権」を認可してほしい、というわけである（『東京府文書』）。

## 「中ノ鳥島」の領土編入

七月一八日、法制局は内閣に回答を出した。まず、「帝国ノ版図ニ属スヘキハ論ナキ」か、という点については、この島は他の日本領からあまりに離れすぎており、その位置からしても、「当然我版図ニ属スヘキモノ」とする理由は薄弱である、とした。しかしその一方、この島は、これまでその位置どころか存否すらも確定しておらず、もちろん他国が占領（先占）したという事実もない。しかも、この島は「帝国臣民山田禎三郎之《これ》ヲ発見シ実地踏査ノ上……発見届ヲ提出シ猶《なお》同島ニ於テ燐礦採掘捕鳥事業ヲ営マント」している。これは「国際法上占領ノ事実ト認メ」られる、という（『公文類聚』）。

この回答を受け、七月二二日、第二次桂内閣はこの島の領有を閣議決定する。平田東助内相は三〇日に東京府に対して内務省訓第六三一号を発し、問題の島を「中ノ鳥島」と名づけ、小笠原島島庁に編入するよう指令した（《東京府文書》）。そして、八月八日付の東京府告示第一四一号をもって、この島は東京府小笠原島島庁に正式に編入されたのである。

　東京府告示第百四十一号
北緯三十度五分東経百五十四度二分ニ在ル島嶼ヲ中ノ鳥島ト名ツケ自今本府小笠原島島庁ノ所管ニ属セラル
　明治四十一年八月八日　東京府知事　阿部　浩

その後、東京鉱山監督署は、一二月四日付で、中ノ鳥島のリン鉱試掘鉱区の試掘許可を山田禎三郎ほか二名に与えている（東京試登録第四号）。面積は六三万五六七〇坪（約二一〇万平方《メートル》）であった（『官報』一二月一六日、『東京鉱山監督署鉱業概覧 第一次（明治四十二年）』）。

ところがこの後、準備万端を整えていたはずの山田の事業は、なぜか煙の如く消え失せてしまう。岡雷平は、一九一〇年（明治四三）の時点で、山田の発見話は「何時の間にか、有耶無耶《うやむや》に消えて、今日では杳《よう》として、其の後の消息を聞かないのだ」と書いている。

なお一九一一年、アメリカ軍艦ウィネベーゴ号はガンジス島を捜索したが、発見できなかったという（川上健三「地図にあつて実在しない島」『文藝春秋』第二九巻第四号、一九五一年、Stommel 1984)。

### 山田禎三郎の衆議院議員当選と辞任

一九一一年(明治四四)に発行された古林亀治郎〔編〕『実業家人名辞典』(東京実業通信社)によれば、山田禎三郎は利根発電株式会社や利根川水力電気株式会社の創立に奔走し、さらに山林業や造酒業などにも手出しをしているが、すべて他人名義によるもので、自らは表に立とうとしていないという。しかし、中ノ鳥島についてはまったく言及がない。なお、利根発電は一九〇八年一二月に上毛水電として発起人会を開き、翌一九〇九年五月の株主総会で利根発電と改称した。しかし、その発起人の一人であった高津仲次郎の日記(『高津仲次郎日記』全三巻、群馬県文化事業振興会、一九九八~二〇〇〇年)には山田の名は見当たらず、本当に設立に関与していたのかどうかすら不明である。

山田は、一九一二年五月の衆議院議員総選挙に長野県郡部区(定員九)から無所属で出馬し、最下位当選を果たしている。

この直後に年号は明治から大正へと替わり、そして、第一次護憲運動の嵐が吹き荒れることになった。一九一二年一二月、陸軍は二個師団の増設を要求し、これに反対する第二次西園寺内閣を総辞職に追い込んだ。続いて長州藩出身で陸軍系の桂太郎が三度目の首相に就任する。しかし、この一連の事態は、藩閥・軍閥の横暴として強い非難を浴び、憲政擁護を求める民衆運動が全国的に展開されることになったのである。

山田は、一二月二八日に伊藤大八・小山完吾ら他の長野県選出代議士たちとともに会合を開き、「議会の解散の如きは眼中に置かず同志と共に猛進」することを申し合わせている（『東京朝日新聞』一二月三〇日）。もっとも、桂首相が政府寄りの新政党「立憲同志会」の結党を画策し、そのための準備パーティを翌一九一三年二月七日に開くと、山田はこれに参加している（『東京日日新聞』二月八日）。

二月一一日、第三次桂内閣はついに総辞職に追い込まれた。いわゆる大正政変である。

同年五月、山田は衆議院議員在任一周年を目前として、突如、辞表を提出する。このため、次点で落選した小川平吉が繰り上げ当選となった。当時の新聞報道によれば、この辞任は小川への議席譲渡が目的であったという（『東京朝日新聞』五月一六日）。しかし、江川為信『信州政党史』は、「一寸《ちよつと》困つた事情が暴露せむとした為め」で、「当時或る一派では小川が恐喝して止めさせたと云《い》つたが、餘りに穿《うが》ち過ぎた説で彼としては止めなくてはならない事情に迫つた」ため、としている。江川はその「事情」の内容を明らかにしていないが、そのすぐ後で、山田は辞任から一年も経たないうちに「株券偽造が発覚して」投獄された、と述べていることから、あまりまともな理由でなさそうなことはうかがえる。

その後、一九一五年（大正四）三月の総選挙でも、山田は再び長野県郡部区から出馬したものの、落選という結果に終わっている。

# ガンジス島探検隊

## 吉岡丸出帆

一九一三年（大正二）一一月一五日、東京市京橋区の鉄砲洲河岸（現・中央区の湊・明石町附近。なお、霊岸島〈現・中央区新川〉とする報道もあるが、いずれにせよ隅田川沿いである）から、一隻の帆船が出航した。船名を「吉岡丸」（一七一トン）という。

横山源之助によれば、このときの「見送り人は、海時通の肝付［兼行］男［爵］あり、松本男［爵］あり、志賀重昂氏あり、其《そ》の他朝野の名士、新聞雑誌記者、南極探険隊員等、其《その》数実に数千人と算せられた。鉄砲洲より出帆せる一小帆船が、斯《か》くの如き盛大なる見送りを受けたといふ事は、未《いま》だ曽《かつ》て有らざる所」であったという（横山「無人島探険史」）。

このときの松本男爵には松本本松と松本春造の二人がいるが、おそらく本松（松本良順《りょうじゅん》の子、順天堂医院医師）と思われる。また「南極探険隊員」とは、この直前に行われた白瀬矗《のぶ》による南極探検（一九一〇〜一二）の隊員のことである。

なぜ、この船がこのように騒がれたのか。それは――横山の言葉を借りれば、「此の帆船こそ、十数年より一部の間に評判になつてゐたガンヂス島の探険を目的とせるもの」であったからである。

## 平尾幸太郎は語る

この探検計画が新聞各紙で最初に大きく取り上げられたのは、一〇月二八日のことである。それによれば、計画の中心人物は、大阪市北区曽根崎の鉱山業者・平尾幸太郎だという。平尾は慶応二年（一八六六）に兵庫県に生まれ、平尾鉱業合資会社を設立したほか、多くの企業の重役として大阪の財界に重きをなしていたという（『大日本実業家名鑑』下巻、実業之世界社、一九一九年、『昭和四年版　財界人物選集』財界人物選集刊行会、一九二九年）。彼は、中ノ鳥島のリン鉱石に目をつけたのである。また、共同出資者として東京市麻布区森元町（現・港区）の松井淳平の名前が挙がっているが、彼は、一九〇八年（明治四一）に日本初のブラジル移民船である笠戸丸を送った会社である、皇国殖民合資会社の業務執行社員であった（『日本外交文書』第四一巻）。

一〇月二九日付『大阪朝日新聞』は、平尾の長文の談話記事を載せている。その中で、平尾は中ノ鳥島〝発見〟の経緯を以下のように語っている。

日本人が初めて此島《この》を知つたのは去《さる》明治四十一年のことで同島に漂着した小笠原島民が発見して其《その》筋に届出でた、……其際発見者は同島の燐礦《りんこう》を知つて四五人の同志を語《かた》つて組合を作り官憲に試掘願を差出した、その時の金主は東京の内田某で、前長野県代議士山田禎三郎氏なども関係した、然《しか》るに内田は探検費約一万二千円〔『報知新聞』一〇月二九日夕刊には「一万五千円」とある〕を投じて自ら踏査もした結果途法《とほう》もない大金儲《もう》けが出来ると睨《にら》んで今更《いまさら》組合員が邪魔になり己《おの》れ一人で経営しやうと巧《たくみ》に説き伏せて各組合員の権利を四千円で買ひ取つた、さうして事業を進めやうとする中《うち》に或《あ》る事件で入監の身になつたので〔『報知』には「東京監獄に収監され」とある〕何《ど》うする事も出来ない、試掘願は二年の期限が二回まで切れて了《しま》つて現に入獄中の内田は空しくその権利を捨てゝ了《しま》ふことゝなつた

山田禎三郎は別人から島についての権利を買い取った、という話は発見届提出当時からあるが、ここではそれに加えて、内田某なる人物が試掘権を独占したまま収監されてしまったため、開拓が頓挫してしまった、という、いかがわしい話が語られている。

## 中ノ鳥島試掘鉱区の変遷

それでは、実際のリン鉱試掘許可の推移を確認してみよう。

平尾の談話にもあるように、当時の鉱業法では、試掘権の存続期間は登録日から二年間とされていた。したがって、山田禎三郎の権利は一九一

○年（明治四三）一二月に失効することになる。続いて一九一一年一月、こんどは東京市芝区南佐久間町（現・港区西新橋）の内田真という人物が、同じ鉱区の試掘許可（東京試登録第八号）を受けている（『東京鉱山監督署管内鉱区一覧』一九一二年版）。この人物が「内田某」であろう。ちなみに、内田はこれ以前、一九〇八年七月に鳥島のリン鉱試掘権を得ていることが確認できる。

なお、利根発電創立当初の取締役に、内田真の名が見える。もし、これが同一人物だとすれば、当時の内田は山田の代理人のような役割をしていたのかもしれない。『高津仲次郎日記』によれば、内田は一九二三年（大正一二）八月に死去したという。

内田の権利が失効した後の一九一三年一一月一四日付で、こんどは平尾幸太郎ほか一名が試掘許可（東京試登第一四号）を受けている（『官報』一二月三日、『東京鉱山監督署管内鉱区一覧』一九一四年版）。なお、内田の鉱区面積は山田と同じだが、平尾の鉱区は七〇万八五〇〇坪（約二・三四平方キロ）と、約一割増しになっている。これでは発見届にある島の面積よりも大きくなってしまうのだが、理由は明らかでない。

## 五億円のリン鉱石

ともかく、平尾の談話をもう少し続けて見てゆくことにしよう。

内田が非常な冒険を以て調査した処《ところ》によれば莫大なる洋上の富源である、島の面積は満潮時七十万八千百坪、干潮時は約五倍になつて燐礦の面積は実に六十二パーセントである、……さうして極めて小規模の採掘法を用ひても尚《なお》一箇年三万六千噸《トン》、純益七十万円、若《も》し三十万噸を得れば六百七十万円の純益を挙げられるといふのだ

平尾によれば、リン鉱石から得られる利益はじつに五億円という。他紙の報道によれば、中ノ鳥島のリン鉱石の量は一五〇〇万ᵗᵒⁿと推定されているという（『報知新聞』一〇月二八日夕刊、『読売新聞』同日、等）。

さらに、「平尾氏は同島唯一の而《しか》も風浪高き西湊を平尾湾と命名し、また前の探検者が遺した波切岩を自分の名の一部を取つて太郎岩と命じ島の平地を幸《こう》ヶ原と命名した」という。

## 探検隊と大平三次

探検隊の人数は新聞記事によってばらつきがあるが、二十数名であったらしい。新聞には、船長で甲種一等航海士の白井兼蔵、監督の大平三次、鉱主代理の清水儀太郎、人夫頭で伊豆大島の無人島探検家である藤田森之助、工夫長の藤田森太郎（森之助と同一人物の可能性もある）、といった名前が見える。

このうち大平は、当時の新聞では「南米ブラジルに於て商業を営める三重県人大平三次氏（六十七歳）」（『時事新報』一一月一五日付）などと簡単に紹介されているが、じつは波乱万丈な経歴の持ち主である。以下、ごく簡単に紹介しておく。

大平は信濃国飯田（現・長野県飯田市）の出身である（中村英彦〔編〕『渡会人物誌《わたらい》』渡会郷友会、一九三四年）。一八七七年（明治一〇）に岸田吟香《ぎんこう》が『東京さきがけ』（のち『東京新聞』と改題）を創刊すると、大平もこれに関与し、また、東京の民権結社・嚶鳴社《おうめい》の機関誌『嚶鳴雑誌』にも社員として関与している（宮武外骨＋西田長寿『明治新聞雑誌関係者略伝』みすず書房、一九八五年）。一八八〇年に『東京新聞』が廃刊になったのちは、岸田とともに薬品業に乗り出し、「キンドル散」という小児科薬を販売したが、翌年四月に早くも破産。再び新聞業に身を投じ、一八八五年四月に『輿論日報』を創刊する。同紙は、他紙の社説を抜粋して掲載するという代物であったが、さすがに顰蹙《ひんしゅく》を買い、八月には『日本たいむす』という一般紙に転換する。このとき主筆として迎えられたのが黒岩周六《しゅうろく》、すなわち、のちの『万朝報《よろずちょうほう》』主筆・黒岩涙香《るいこう》である（曽我都一紅「黒岩先生と余」涙香会〔編〕『黒岩涙香』扶桑社、一九二二年、所収）。もっとも、同紙は筆禍事件により発行停止処分を受け、それがもとで一二月に廃刊となってしまう。

なお、これと同時期に、大平三次という人物が『五大洲中海底旅行』上・下（一八八四〜八五年。『海底二万里《リユー》』の英訳版からの重訳）と『徳川中興明君言行録』（一八八四年）を上梓しているが、これが、ここで述べる大平と同一人物かどうかは不明である。

一八八七年五月、大平は築地で「スパーラ・ラスラ」の興行を行った。スパーラはスパーリングをする者、すなわちボクサー、ラスラはレスラーで、これは日本初のボクシングとプロレスの興行であったといわれている。ただし、この興行は不評の上、途中で禁止命令を受けてしまう。この失敗がもとで大平は三重県に移り住むことになる。ちなみに、大平の子・善太郎の妻の父は、淡路出身の民権運動家として知られる土居光華《こうか》（一八七四〜一九一八）である（山下重一「土居光華と『東海暁鐘新聞』」『國學院大學図書館紀要』第三号、一九九一年）。このころ土居は三重県飯高《いいたか》・飯野・多気《たき》三郡の郡長をしており、その縁があったものと思われる。その後、大平は、「宮川上流運河」の開削と経営を行っている。これは、三重県南部にある大台ヶ原山から材木を伐採し、宮川を経由して下流に流すためのものであったらしい（三谷敏一〔編〕『神都名家集』一九〇一年、『宮川村史』一九九四年）。

一九〇五年、大平善太郎は農商務省派遣海外練習生としてブラジルに渡り、一九〇七年九月にはリオ・デ・ジャネイロ市で、同市内初の日本商店となる雑貨店「日伯商会」を開店した。当初は好評であったらしいが後が続かず、一九〇九年には経営再建のために父の三次が乗り込んでくる（鈴木貞次郎『埋もれ行く拓人の足跡』一九六九年）。さらに同年、三次はラファエル・モンテイロという人物と共同で、マカエ郡サント・アントニオ耕地の植民地建設を試み、一二月にはリオ・デ・ジャネイロ州政府との間で契約書に調印している。もっとも、日伯商会もサント・アントニオ耕地も、結局は失敗してしまう。といったところでガンジス島探検隊に至るわけであるが、その後の経歴については不明である。

なお、先述したように松井淳平は笠戸丸移民の関係者である。また、横山源之助もこのころ貧困対策としての移民を奨励しており、一九一二年には自身もブラジルに渡航し、それをもとに『南米ブラジル案内』(一九一三年)を刊行している。どうやら、この探検隊にはブラジル移民関係の人脈が関わっていたようである。

## 「行け！行け！南へ‼」

『日本風景論』(一八九四年)・『世界山水図説』(一九一一年)などで在野の地理学者としての名声を確立していた志賀重昂は、このころ、この種の探検などが新聞で報じられるたびに、「斯界《しかい》の学術的オーソリチー〔権威〕」として、コメンテイターとして引っ張り出されていた。その志賀は、一〇月二八日付『中央新聞』のインタヴューに答えて、「如何《いか》にもガンヂス島の存在は事実」と述べ、リン鉱石についても、その存在は「予の確《たしか》に保証する処」と断言しているが、その量については、「其《そ》の富源五億万円《ママ》とあるは全く一種の誇大な捏造説に過ぎず」「その虚妄寧《むし》ろ驚くに堪《た》へたり」「空中楼閣を描く如《ごと》き夢想と見做《みな》して可ならん」と、かなり否定的な見方をしている。かといって探検に反対というわけでもなく、一一月一四日付『東京朝日新聞』に「無人島の開拓及び移住の方法」と題する談話を載せ、島ではアホウドリやサメなどが豊富に獲れるだろうが、それだけを食べていては壊血病になるから野菜をとれ、などと滔々《とうとう》と語ったりしている。

吉岡丸出航の当日、志賀は威勢のよい訓話を垂れ、その末尾を以下のように結んだ。

往《ゆ》け諸君子、鮫は諸君子の捕獲に任せ、信天翁《あほうどり》の羽毛は諸君子の採集を待ち、燐礦は諸君子の発掘を望めり。新聞紙は報ずらくガンジス島の燐礦の富は十億円と、予は其の千分の一なることを信ず、千分の一たるも世界棄《す》てゝ顧みざる利源を開発し、無所属の土地を帝国の領土となし、以《もつ》て旭日《きよくじつ》旗《き》の威力を南洋千里に雄張せんとす、男児何物の面目か能《よ》く之《これ》に過ぎん、往け吉岡丸の諸君子万歳、万々歳。（志賀「海洋開拓の気運」『志賀重昂全集第五巻』志賀重昂全集刊行会、一九二八年、所収）

『報知新聞』一二月一六日付夕刊は、吉岡丸出航の場面を以下のように報じている。

船は静かに〳〵［隅田川の］河口《かわぐち》に向つて進行すれば両岸群集堵《と》［かこい］を築きて此《この》壮挙を賛す［○］見よ吉岡丸の檣頭《しようとう》［マストの先端］高く翻《ひるがえ》る万国信号旗を、築地を後に浜御殿、芝離宮を右手に眺め第三、第二、第一の海堡《かいほ》［お台場］を過ぎて品川沖に至る時暮色《ぼしよく》漸《ようや》く海面を蔽《おお》ひ凄壮の気犇々《ひし〳〵》と身に迫るものあり、万歳の声楽の音と相和して茫漠《ぼうばく》たる海上を走る快、又《また》快、軈《やが》て勇壮なる小蒸汽船の曳綱《ひきつな》は解かれ吉岡丸は、帆走を初《ママ》めたり［○］百七十噸《トン》の小帆船は数万噸の艨艟《もうどう》［軍艦］に似て堂々と海を圧し「行け！行け！南へ!!」と感極つて幾度か舷《ふなばた》を叩くものあり、見送人は一斉に艀舟《はしけ》の上に起立して最後の訣別を為《な》し帽子を振り手巾《ハンカチ》を振り声を絞つて万歳を叫び乗員は船室の上に立ちて之に答ふ［○］さらば！さらば！吉岡丸!!

計画によれば、吉岡丸はまず小笠原諸島の父島へ向かい、そこから中ノ鳥島へ向かうことになっていた。ところが、一一月一七日午後、八丈島の東方沖約六〇海里（約一一〇キロ）の地点を航行中に東北東の烈風に襲われ、帆桁や帆が破壊されて航行不能になってしまう。吉岡丸は、黒潮のために南方へ六〇海里ほど押し流され、ついには鳥島付近の暗礁に乗り上げてしまった。その後、なんとか修繕をして持ち直し、二一日には逆風をついて小笠原諸島の母島の近くまで接近した。だが、父島まで二〇海里（約三七キロ）の地点に到達したものの、逆風のために接近することができず、二昼夜海上を漂った末、二三日にようやく父島に入港することができたという（『時事新報』一二月二九日、『報知新聞』同日夕刊、他）。一二月三日、補給を済ませた吉岡丸は、いよいよ中ノ鳥島へと向かうことになった（『東京朝日新聞』一二月五日）。

## 新硫黄島の誕生

翌一九一四年（大正三）は波乱の幕開けを迎えた。

まず一月一二日朝、鹿児島県の桜島が激しい噴火を始めた。噴出した溶岩流によって桜島は大隅半島と陸続きとなり、火山灰は西風に乗って日本中に降りそそいだ。

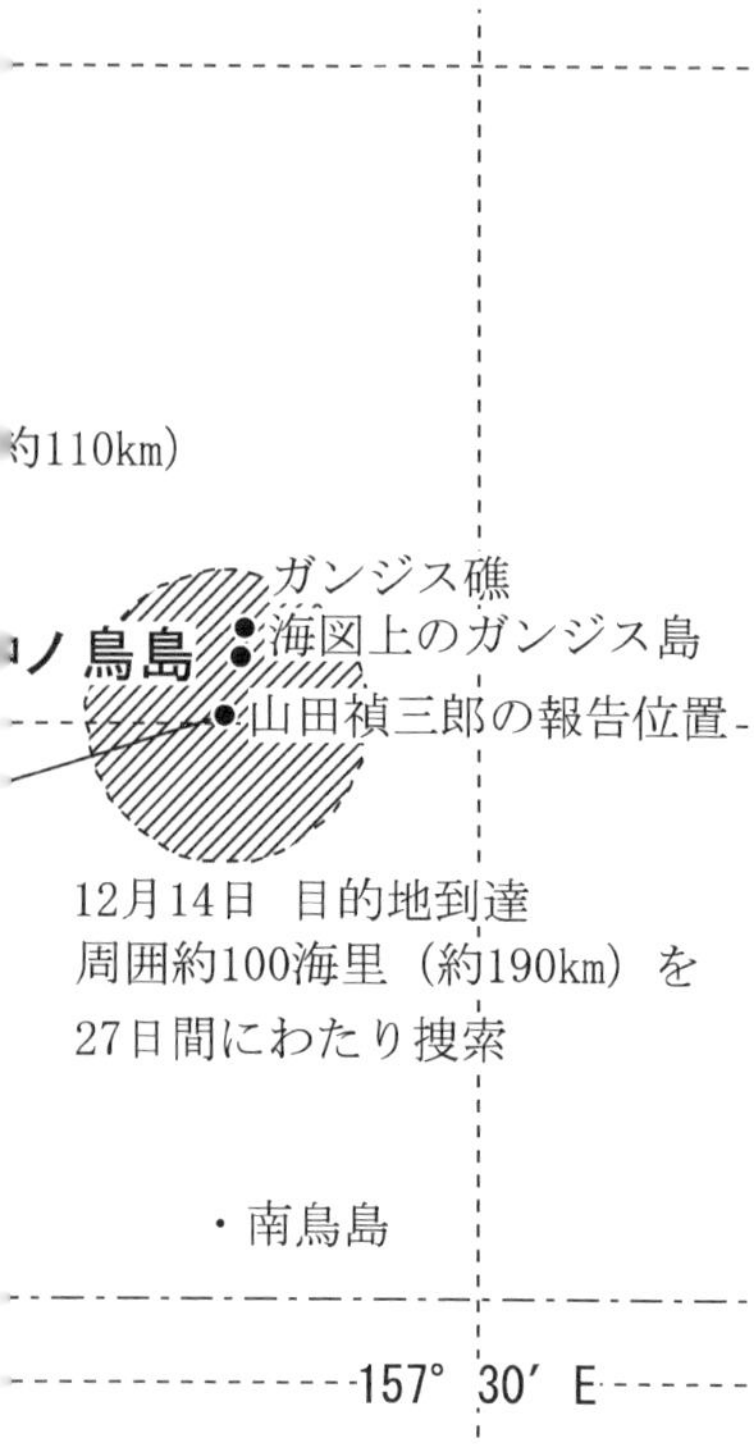


続いて一月二三日午後、南硫黄島沖の北北東約五キロの地点（北緯二四度一七分・東経一四一度三〇分）にある海底火山「福徳岡ノ場」が噴火を始め、二五日には新島の出現が確認された。この海底火山は、かつて一九〇四年一二月にも新島を形成したことがある。しかし、「新硫黄島」と名付けられたこの新島は、一年ほどで消滅してしまった。その新島が一〇年ぶりに復活したのである。二月には海軍が巡洋艦・高千穂を派遣して現地調査を行い、寺田寅彦・小倉勉らが新島を観察している。このとき、新島は高さ約四〇〇尺（約一二〇メートル）、周囲三海里（約五・六キロ）に達していた。

さらに一月末、ドイツの軍需産業ジーメンス社が日本海軍の高官らに対して贈賄工作を

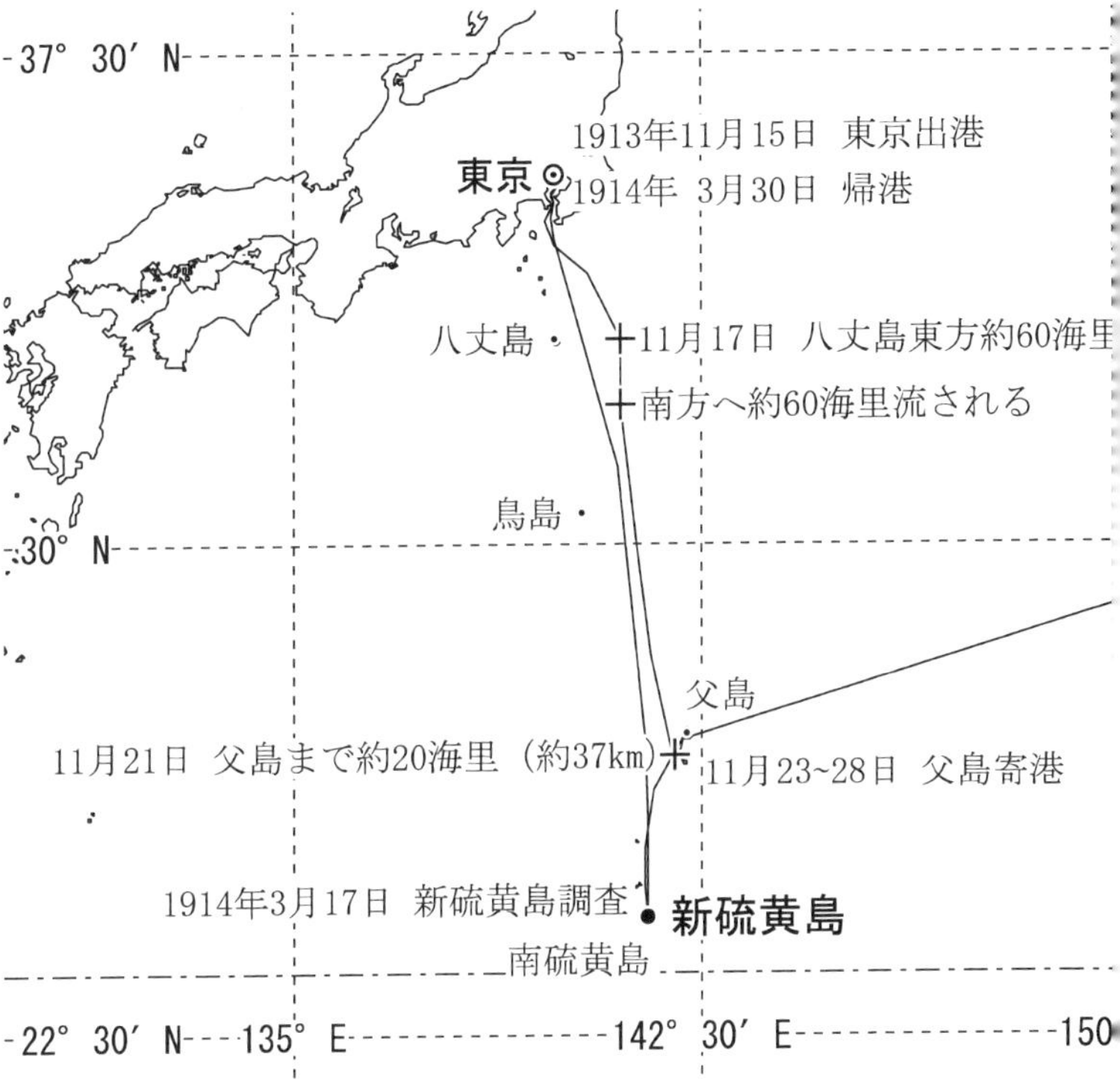
37° 30′ N
1913年11月15日 東京出港
東京
1914年 3月30日 帰港
八丈島
11月17日 八丈島東方約60海里
南方へ約60海里流される
鳥島
30° N
父島
11月21日 父島まで約20海里（約37km）
11月23~28日 父島寄港
1914年3月17日 新硫黄島調査
新硫黄島
南硫黄島
22° 30′ N
135° E
142° 30′ E
150

図24　吉岡丸の中ノ鳥島探検

行っていたことが発覚、続いてイギリスの軍需企業ヴィッカーズ社も同種の贈賄工作を行っていたことが明らかになる。時の首相・山本権兵衛が海軍の重鎮であったため、事件は首相の責任問題に発展し、三月二四日、山本内閣はついに総辞職に追い込まれた。

## 吉岡丸の帰還

三月三〇日、吉岡丸は東京へと戻ってきた。

吉岡丸は一一月二八日に父島を出航し、一二月一四日に目的地である東経一五四度・北緯三四度の地点に到達、周囲約一〇〇海里（約一九〇キロ）以内の海域を、二七日間、延べ二〇一四海里（約三七三〇キロ）にわたって探索した。だが、ついに何も発見できず、「昔時《せきじ》英国人が海図に表したる頃には何等《なんら》か形跡ありしならんも其《その》後地変を生じて海底に陥落せしものと断定」（『中外商業新報』四月三日）、帰途につくことにした。

なお、一行は帰りがけの三月一七日に新硫黄島に立ち寄っている。この新島は火山灰の堆積物であったため、浸蝕には弱く、九月末にはまたもや消滅してしまう。

福徳岡ノ場は、最近では一九八六年（昭和六一）一月一八日に噴火を始め、二〇日に新島を形成した。しかし、噴火はすぐにおさまってしまい、残された南北約八〇〇メートルの新島も、三月末までには完全に消滅している。

## 「消極的の効果」

志賀重昂は、四月三日付『東京朝日新聞』に次のような談話を寄せている。

……吉岡丸出港前探検隊の一員なる大平三次氏〔、〕白井船長と共に僕を訪《と》ひ探検の計画を話したがカンヂス島の動植鉱物、地質気候水産物は全然マーカス島（一名南鳥島）と同一で只《ただ》位置と面積が聊《いささ》か違ふのみだから僕は此《この》二人に南鳥島をカンヂス島なりと誤解したのでなからうかと話した、……段々聞く所に依《よ》ると曽《かつ》てカンヂス島に行きし事あると自称する男は現に詐欺取財犯で長崎監獄に居ると云ふ事〔、〕及び吉岡丸出港の時〔、〕僕は初対面の平尾幸太郎氏にカンヂス島は必ず存在の事実ありや及び如何《いかに》してあれ丈《だけ》精細に判《わか》り居《お》るやと問ふた処《ところ》〔、〕いや怎《そ》うか判らんが何分事業が大仕掛だからあの様に云はんと鳥渡《ちよつと》都合が悪いと答へた〔、〕……出金人は平尾氏に非《あら》ず大阪の某氏なるを耳にしたり、更に僕は平尾氏に出航後数回電話にて探検隊の状況を問ひ合せる度に未《ま》だ一行の消息不明だと簡単に返答があつたのみであるから〔、〕是《これ》やあれやを考へると何うもカンヂス島存在の如何《いかん》が気になり初めたのであるが〔、〕果して全然影も形も無い有名無実の島なる事が今度の探検で分明したから〔、〕今回の挙は失敗は失敗だが一面より見ると消極的の効果を学術上に齎《もたら》した訳である

談話記事なので本人の意図通りとは限らないのだが、それにしても、五ヵ月前に島の実在を断言し、吉岡丸の出航を「万歳、万々歳」と祝っていたのはどこの誰だったのか、と言いたくなるような無責任な発言である。「詐欺取財犯」云々や「大阪の某氏」云々は真

偽不明である。ついでにいえば、「消極的の効果」はもたらされなかった。民間船による非公式な調査であるため、参考材料にしかならないからである。中ノ鳥島はこの後もなお、三〇年以上にわたって海図に残り続けることになる。

# アブレオジョス島捜索

## アブレオジョス島の〝復活〟

中ノ鳥島の〝発見〟と前後して、沖大東島の南方に「アブレオジョス島」が実在する、という噂が広まりはじめた。

先述したように、アブレオジョス島はスペインのトーレが〝発見〟した島であり、沖大東島そのものである疑いが強い。ところが、この島は沖大東島が海図に載るようになってからも海図に載り続けたため、あたかも沖大東島とは別に実在する島であるかのように受け取られることになったのである。

一九〇四年九月四日、イギリスの汽船ラングデイル号のG・ジョーンズ船長は、北緯二三度八分・東経一二九度二六分附近において島を〝発見〟した、と報告した。ラングデイル号は島から三海里（約五・六㌔）以内に近寄って島内を観察しており、島には高さ五〇〜

六〇フィート（一五～一八メートル）のシュロらしき樹が七本生えていたという。翌一九〇五年六月、英国水路部はこの島をアブレオジョス島と同じものだと判断し、海図に記載した。以後、この島には「ラングデイル島」という別名がつけられることになる。

ところがその後、一九〇九年六月、汽船ソコトラ号は、この島は確認できない、と報告してきた。一九一三年六月には、汽船タイタニア号も同様の報告をしている。

## アブレオジョス島争奪

いっぽう一九〇八年（明治四一）ごろ、ハワイとカロリン諸島との間を往復していたイギリスの帆船が、琉球東方の無人島（アブレオジョス島?）に漂着してその島の位置を確認し、その後、この島から北東に航海して沖大東島に到達した、という（《海軍省公文備考》大正三年・巻百。JACAR C08020508900, C08020509000）。この話は真偽不明だが、このあたりから、アブレオジョス島が実在するという噂が広まりはじめる。

一九一〇年七月一八日、玉置半右衛門は沖縄県に対し、北緯二〇度二〇分・東経一三〇度一五分附近にある「アベジョー島」の三〇年間の借地を求める、という趣旨の「アベジョー島拝借願」を提出した。玉置は、調査のための探検船をすでに派遣したという。逆にいえば、彼は、島の実在をまだ確認もしないうちから拝借願を出したことになる。

同年八月、玉置は七三歳という高齢を押して鳥島に渡ったが、さすがに無理がたたったのか、病に倒れ、一一月一日に東京で死去する。彼は死の直前に合名会社玉置商会を設立しており、その経営は遺族の手に渡ることになった。

いっぽう、同年一〇月二五日付で、那覇の安田義寛と新潟の小林門平という人物が、「アブレジョース島」の一〇年間の借地を求める「官有地予約開墾払下願」を内務省に提出した。彼らは、この島を一〇年前（つまり一九〇〇年）から調査してきた、と主張している（《外務省記録》三‐一二‐一‐一八四「安田義寛外二名ヨリ「アブレオジョス」島払下及開墾請願一件」）。

安田・小林が一九〇三年五月に行ったと称する調査によれば、この島は北緯二三度二五分・東経一二九度の位置にあり、周囲約三海里、面積一八〇町歩（約一・八平方キロ）の「稍々《やや》三角形」で、「周囲岩礁絶壁」、高さは約一五〇尺（約四五メートル）という。沖大東島に良く似た島、ということになる。島には檳榔樹《びんろうじゅ》が密生し、またアルバトロス（アホウドリ）などの鳥は人を恐れないため、手で獲ることができるという。

翌一九一一年五月一六日、玉置半右衛門未亡人の玉置すみは「アベジョー島拝借ノ義出願候ニ付追伸書」を沖縄県に提出した。この届で、すみは、先の「アベジョー島」が「アブレジョー島」の誤りであったと訂正し、また、数度にわたる探検船の派遣を行っていたことに触れている。

これらの出願を受けた内務省は、九月二日に「アブレジョス島開墾払下の義」については「帝国ノ領土ト認定シ差支無之《さしつかえこれなき》義ト存候《ぞんじそうろう》」としつつ、外務省の意見をうかがいたい、として同省に送付した。しかし、石井菊次郎外務次官は、領土編入は「大局上不得策」と回答しており、その後、編入は見送られたようである。

**フォルファナ島の〝消滅〟**

これと同じころ、やはりトーレの〝発見〟したフォルファナ島が、ようやく海図から削除された。一九一一年七月二八日、軍艦「松江」は、北緯二五度三七分・東経一四二度五六分附近、すなわち父島の南南東約一八〇キロの位置に記載されていた「フォルハナ島」の捜索を行ったが、何も発見できなかった。そのため、九月二五日付の水路告示第二三六八号第七五一二項により、「フォルハナ島」は海図から削除された。〝発見〟から三六八年後のことである。

**アブレオジョス島捜索**

一九一二年（大正元）二月、佐賀深川汽船会社の汽船・大山丸は、アブレオジョス島を一週間にわたって捜索した。同年一一月には、古賀辰四郎もやはり一週間にわたる捜索を行い、また、藤吉《ふじよし》丸という帆船も一〇日間にわたる捜索を行っている。同じころ、玉置商会の第二回洋丸も探索を行った。しかし、いずれも何の成果も得られずに終わった。

にもかかわらず、大東島関係者を中心に、この島が実在するという噂は根強く残り続けた。一九一三年一二月には、神寿丸という帆船が、沖大東島に向かう途中で潮流のため流され、北緯二三度二分・東経一二九度二〇分の地点で島影を見た、と水路部に報告してきた。さらに、ある鉱山業者（詳細不明）が鉱区の設定を求めてきたため、領有権を確定し、沖縄県に編入して地籍を確定する必要が生じることになった。

このため、水路部は島の位置を確定すべく、一二月二一日に巡洋艦「須磨」を派遣してアブレオジョス島の捜索を行ったが、何の成果も得られなかった。翌一九一四年四月の海軍の工作船・関東丸による捜索も、同様の結果に終わった（前出《海軍省公文備考》）。同時期（一九一四年二月）に東京商船学校（東京海洋大学海洋工学部の前身）の練習船・大成丸も捜索を行っているが、結果は同じである。

この結果、水路部は一九一四年五月四日付で、「現今の状態に於《お》ては不存在説寧《むし》ろ信憑に足るものあるに至れり」とし、「該《がい》島は少くとも図載位置には現存せず若《も》し存在するものとせば該位置より東方か若くは南方に偏在するもの、如《ごと》し」†という結論を下した。しかし、この島を海図から削除するには至らなかった（一九一四年五月四日付水路告示第四一号、『日本水路誌』第六巻、一九一九年）。

## 玉置時代の終焉

半右衛門の死後、玉置商会は放漫経営と玉置家内の内紛により急速に傾くことになる。一九一六年（大正五）三月、玉置商会は、鈴木商店の子会社であった東洋製糖に南北大東島の事業権を売却した。翌一九一七年、玉置すみは国から南大東島の払い下げを受けるが、一九一八年にこれも東洋製糖に売却、玉置家は大東島から撤退する。その後、一九二七年（昭和二）の金融恐慌で鈴木商店が倒産すると、東洋製糖は大日本製糖（日糖、大日本明治製糖の前身）に吸収合併された。両島の企業支配が終わり、町村制が施行されるのは、戦後、アメリカ占領時代の一九四六年六月のことである。

玉置半右衛門の死と玉置商会の崩壊は、個人経営による島嶼開拓時代の終わりを告げる出来事だった、というべきだろう。

南鳥島鳥糞燐礦会社は一九一一年三月三一日付で南鳥島会社と改称しており、これと同時に水谷新六は同社を退社している（『官報』一九一一年四月二六日附録）。同社は一九三〇年まで南鳥島のリン鉱採掘権を保持していた。なお、一九二二年に全事業が全国肥料株式会社に譲渡されたとする説もあるが（野呂「南鳥島について」）、詳細は不明である。いずれにせよ、昭和に入るころにはリン鉱石は枯渇してしまい、住民もほとんど引き揚げてしまったようである。

# 疑存島の〝消滅〟とその後

# アブレオジョス島と中ノ鳥島の〝消滅〟

## 南洋群島委任統治領の成立

一九一四年（大正三）七月に第一次世界大戦が勃発すると、日本は日英同盟を口実としてドイツに宣戦を布告する。海軍はただちにミクロネシアの島々を占領し、一二月にはトラック諸島に臨時南洋群島防備隊を設置して軍政を布《し》いた。

この際、水谷新六は海軍の第二南遣枝隊の水先案内人に起用され、その功績により一九一六年に金一一〇円を下賜されている（「阪部武三郎外六名叙勲賜金 並《ならびに》 従軍記章授与ノ件」《各種戦役行賞並従軍記章裁可書》NAJ 裁 00638100-00600）。また彼は、実業之日本社発行の少年誌『日本少年』の一九一五年一一月号と一九一六年一月号に、それぞれプラタス島と南鳥島での遭難譚を寄稿している。しかし、これ以後の彼の消息は、杳《よう》として知れない。

ところで、ドイツは一九〇九年（明治四二）から、パラオ諸島のアンガウル島でリン鉱石の採掘を始めていた。占領後、この経営権は西沢吉治の設立した南洋経営組合に委託されることになった。もっとも、後で問題化し、結局、翌一九一五年に西沢の採取許可は取り消され、鉱山は海軍直営に変更された。西沢は、アンガウル島でも西沢島同様に独自金券を発行したり、人夫を虐待したりしたため、評判は悪かったという（郷『南洋貿易五十年史』）。その後、彼は青ヶ島で製糖事業を試みたり、シベリア干渉戦争（一九一八〜二二年）に便乗してシベリア開発に手出しをしたりなどしているが、いずれも失敗している。

また、日本恒信社は、一九一七年一二月に南洋貿易株式会社に営業権と所有船を譲渡して解散した。

一九一八年に戦争が終結したのち、一九二〇年に国際連盟が発足すると、旧ドイツ領ミクロネシアは、国際連盟委任統治領として日本の管轄下に置かれることになった。

## 海洋測量の開始

一九一七年（大正六）に大東島の測量を完了し、全国沿岸測量をひとまず完成させた水路部は、一九一九年より、新たに沖合部に対する海洋測量を開始した。もっとも、本格的な測量が始まるのは、一九二三年に、水深一万《メートル》以上の測深能力を持つシグスビー式電動測深儀が導入されてからのことである。

なお、当時の一般的な測深法は錘測《すいそく》、すなわち、錘《おもり》をつけたロープやワイヤなどを水中に降ろして、錘が底に着いたときの長さを測る、というものであった。これには時間と手間がかかるうえ、細かい地形が確認しづらい、といった欠点があり、また、しばしば測定ミスも生じた。たとえば、一九二三年の関東大地震に際し、水路部は、相模灘において最大一八〇メートルもの陥没が生じたと報告している。もし、そのような大規模な変動が起こったとすれば、それに比例して超巨大津波が発生するはずであるが、実際に観測された津波は最大一二メートルである。そのため、この値は、今日では観測ミスの産物と考えられている。ちなみに、音波を利用する音響測深法は一九二〇年代に実用化されたが、水路部がこれを正式に採用したのは一九三五年（昭和一〇）のことである。

一九二二年（大正一一）六月、二等海防艦「満州」はアブレオジョス島を捜索したが、ついに何も発見できなかった（『水路要報』第一年第一号、一九二二年九月）。

**「探測ノ結果存在セサル事ヲ認メタリ」**

さらに一九二四年八月、「満州」は再びアブレオジョス島を探し回ったが、島を発見するどころか、附近の海域は水深五〇〇〇メートル以上の深海であることが判明した。このため、同年九月一三日付の水路告示第三六号第六五九項によって、アブレオジョス島はようやく海図から削除されることになる。

南西諸島　八重山列島南東方――Abreojos I.（Langdale I.）不存在

記事　Abreojos I.（Langdale I.）ハ探測ノ結果存在セサル事ヲ認メタリ［○］依《より》テ図載ノ注意記事ト共ニ之ヲ削除シ左記位置ニ水深二八八九尋《ひろ》［約五二八三メートル］（紅粘土）ヲ記載ス

位置　北緯二三度一〇分零秒　東経一二九度二五分四五秒　海図一二〇九号ニ拠ル

「満州」は、一九二六年にはロス・ジャルディン諸島の捜索を行っているが、海図上の位置附近二〇海里（約三七キロ）以内には島を見つけることができなかった。また、その南東約一〇〇海里（約一九〇キロ。北緯二〇度三〇分・東経一五三度〇分）の地点に捕鯨船が報告したといわれる疑礁の捜索も行ったが、やはり附近一五海里（約二八キロ）以内には何も認められなかった（『本州南・東岸水路誌』海上保安庁、一九六八年）。

## 「『ガンヂス』は不存在」

「満州」は、一九二七年（昭和二）九月八日から一〇日にかけて、中ノ鳥島周辺海域の精測を行った。しかし島は発見されず、それどころか、この海域は「実に五千メートルから六千メートルの深海が続き絶対に危険のないことがわかつた」（『東京朝日新聞』九月二二日）。

一九三二年五月、イギリス海軍のR・E・D・ライダー大尉らが、三〇トンの小帆船で、香港から太平洋を横断して本国に帰国するという計画を立て、駐日英国大使館を通じて日本政府に横浜入港の許可を申し入れた。ところが、このとき提出された航程表に、横浜の次の寄航地としてガンジス島が記載されていたため、海軍が難色を示す。このとき海軍では、中ノ鳥島はおそらく存在しないだろうが、万一イギリス人に発見されるようなことがあっては面白くない、という理由で、島への寄港をなんとか阻止するよう求めている（《海軍省公文備考》昭和八年・D・外事巻四。JACAR C05022738400）。

一九三三年五月二七日から六月二日にかけ、測量艦「駒橋」が中ノ鳥島の図上位置を中心に南北約七〇海里（約一三〇キロ）・東西約七〇海里にわたって探測を行った。しかし、やはり島は発見できず、「駒橋」は「「ガンヂス」は不存在なることを確認せり」と断定した。「駒橋」はこの海域で七〇測点以上もの測深を行い、この海域の水深が五〇〇〇メートル以上に達することを明らかにしている（川上「地図にあつて実在しない島」、倉品昭二「幻の島「中ノ鳥島」甦った島「沖ノ鳥島」」『地図情報』第一五巻第四号、一九九六年）。この調査結果はAP通信によって海外に配信されており、たとえば六月二八日付『ニューヨーク・タイムズ』は、一面で「ガンジス島が太平洋諸島から消滅」（“Ganges Island Is Gone From a Pacific Group”）と報じている。

## 沖ノ鳥島と新南群島の編入

先占による領土編入としては、これまで述べて来た他に、一九三〇年代の沖ノ鳥島と新南群島がある。この二つは、いずれも明らかな軍事目的によるものであった。

一九三一年（昭和六）七月六日付の内務省告示第一六三号により、それまでパレセベラないしダグラス礁《リーフ》と呼ばれていた珊瑚礁が、「沖ノ鳥島」と命名され、東京府小笠原島に編入された。それまで無価値というよりも利用不可能とされて放置されてきたこの卓礁は、この時期に急速に発達してきた水上飛行機の基地として利用可能ではないか、と考えられるようになったのである（《外務省記録》「本邦島嶼領有関係雑件」JACAR B02031163800）。

いっぽうの新南群島は、南シナ海のスプラトリー諸島（南沙群島）のことである。この島々は一九一八年一二月から恒藤規隆が調査を始め、一九二一年からラサ島燐礦が「新南群島」と命名してグアノの採掘に乗り出したが、一九二九年に撤退した。この間、ラサ島燐礦では日本による領有権確立を働きかけているが、日本政府はフランス領インドシナやアメリカ領フィリピンを刺激することを恐れ、編入を見送っていた。その後、フランスが一九三三年七月に一方的に領有権を宣言し、日本側との間で紛争となる。

日中戦争中の一九三八年一二月二三日、第一次近衛文麿《ふみまろ》内閣は新南群島の編入を閣議決定し、翌一九三九年三月三〇日付（四月一八日公示）の台湾総督府令第三一号により、台湾高雄州高雄市に編入した。これは明らかに、一九三九年二月に海南島を占領し、東南アジア方面への進出をもくろんでいた日本軍の動きと連動したものであった。ただし、フランスも領有権の主張を取り下げたわけではなく、これは戦後の中国・台湾とヴェトナムとの対立まで尾を引くことになる。

## 「図誌ヨリ削除スル」

水路部は、アジア太平洋戦争中の一九四三年（昭和一八）一一月一三日付『軍機水路告示』第二一号（軍告一八年一四五項）において、ついに中ノ鳥島の削除へと踏み切った。

南方諸島東方——中ノ鳥島（Ganges I.）不存在
我ガ海軍探測ノ結果及《およ》ビ其《そ》ノ他ノ資料ニ依《よ》リ中ノ鳥島（Ganges I.）ハ現存セザルコトヲ確認シ居タルモ公表サレ居ラザリシ処《ところ》今般機密水路（航空）図誌ヨリ之《これ》ヲ削除スルコトトナレリ（普通図誌ハ其《そ》ノ儘《まま》トス）

ただし、「普通図誌ハ其ノ儘トス」とあるように、このとき削除の対象となったのは軍用の機密水路（航空）図誌だけであった。結局、正式に海図からこの島が消されたのは、日本が戦争に敗れた後、〝発見〟報告からじつに三八年後の一九四六年、一一月二二日付の水路告示第四六号（昭和二一年二九六項）によってである。

南方諸島——中ノ鳥島　不存在
記事　中ノ鳥島及ビソノ北方約一四浬［約二六キロ］ニ図載シテアル疑存礁ハ精測ノ結果存在シテイナイコトガ認メラレタ［、］依テ図誌ヨリ削除スル。
位置⑴中ノ鳥島

30° 51′ N154° 16′ E

（概位）

(2)疑存礁

31° 05′ N154° 17′ E

（概位）

注意(1)海図上上記(1)位置ニ記載シテアル危険界線ヲ繞《めぐ》ラセル島嶼記号及ビ島名「中ノ鳥島」“〔Ganges I.〕”トコレニ附記シテアル“（E.D.）”竝《ならび》ニ(2)位置ニ記載シテアル危険界線ヲ繞ラセル暗岩記号トコレニ附記シテアル“（E.D.）”ヲ各《おのおの》削除スル。

ところが、このとき削除の対象となった海図に指定漏れがあり、海図第八四〇号「印度洋」に中ノ鳥島が残っていたことが後で判明する。ようやく一四年後の一九六〇年、三月一九日付海上保安庁告示（航）第十一号（昭和三五年第四〇一項）によって、中ノ鳥島は日本製海図から完全に葬り去られたのである。

海図８４０号〔34-742〕

南方諸島小笠原群島、父島の東北東方約700M（30° 48′ N.,154° 24′ E.概位）に図載の危険界線をめぐらした島嶼記号および同北側至近に図載の危険界線をめぐらした暗岩記号を付記の島名「中ノ鳥島」および“（E.D.）”と共に各削除する。

## 戦後の領土処理と中ノ鳥島

### SCAPIN‐677

一九四五年（昭和二〇）七月二六日に発表されたポツダム宣言の第八条では、「日本国の主権は本州、北海道、九州及《およ》び四国並《なら》びに吾《われ》等の決定する諸小島に局限せらるべし」とされた。同年九月二日、日本はこの宣言を受諾する形で降伏する。ただし、「吾等の決定する諸小島」の範囲は、この段階ではまだ確定していなかった。

一九四六年一月二九日、連合国最高司令官総司令部（GHQ／SCAP）の民政局（GS）は、占領下の「日本」の範囲についての指令を発した。連合軍最高司令部訓令第六七七号（SCAPIN‐677）「若干の外廓地域を政治上・行政上日本から分離すること」である。この覚書は、「日本」の範囲から外される地域に対して、日本政府の行政権を行使することを禁止するものであり、占領地内での間接統治地域と直接統治地域との区分を明確化する、という重要な役割を持つものだった。

この覚書の第三条では、「日本」の範囲は以下のように定義されている。

この指令の目的から日本と言う場合は次の定義による。

日本の範囲に含まれる地域として

日本の四主要島嶼（北海道・本州・九州・四国）と、対馬諸島、北緯三〇度以北の琉球（南西）諸島（口之島《くちのしま》を除く）を含む約一〇〇〇の隣接小島嶼

日本の範囲から除かれる地域として

(a)鬱陵《うつりよう》（ウルルン）島、リァンクール岩（竹島）、クエルパート（済州、チェジュ）島。

(b)北緯三〇度以南の琉球（南西）列島（口之島を含む）、伊豆、南方、ボニン（小笠原）・ヴォルケイノ（火山、硫黄）諸島、及び大東（オオヒガシ、オアガリ）諸島、パレセベラ（沖ノ鳥島）、マーカス島（南鳥島）、ガンジス島（中ノ鳥島）を含むその他の外廓太平洋全諸島。

(c)クリル（千島）列島、歯舞《はぼまい》（ハボマゼ）群島（水晶島、勇留《ゆり》島、秋勇留島、志発《しぼつ》島、多楽《たらく》島を含む）、色丹《しこたん》島。（『GHQ指令総集成　第3巻』エムティ出版、一九九三年、所収。訳は長谷川による）

なお、第六条では、「この指令中の条項はいずれも、ポツダム宣言第八条にある小島嶼の最終的決定に関する連合国側の方針を示すものとして解釈されてはならない」と規定されている。つまり、この指令はあくまで占領下の一時的な措置にすぎず、最終的な決定は後日を待つ、とされているのである。

この指令により、沖縄と小笠原諸島における米軍の直接軍政が追認されただけでなく、鹿児島県の吐噶喇《とから》列島（口之島はその最北端）と奄美諸島も本土から切り離され、直接軍政下に置かれることになった。また、ソ連による千島列島および歯舞群島・色丹島の占領も追認された形となった。なお、伊豆諸島全域も「日本」からいったん切り離されているが、その後、三月二二日付覚書（SCAPIN－841）によって「伊豆諸島及びロトの妻《ロッツ・ワイフ》（孀婦岩《そうふがん》）以北の南方諸島は、この指令の目的のための日本の範囲に含まれる」と訂正され、二ヵ月で「日本」に戻されることになった。また、吐噶喇列島は一九五二年二月に除外範囲から外されている。

また、この指令の中に「竹島」が含まれていたことが、のちのちまで波紋を呼ぶことになる。韓国側が、日本による竹島（独島）領有権を否定する根拠のひとつとされることになったのである。

## 「日本」の範囲と中ノ鳥島

ところで、講和条約が結ばれるまでの間、日本の領土はしばらく法的に未確定の状態にあった。そのため、法令上で「日本」の範囲に言及する必要がある場合は、このSCAPIN-677の規定が準用されていた。そのせいで、すでに海図から消されていたはずの「中ノ鳥島」の名は、戦後しばらくの間、法令にしばしば現れることになってしまったのである（川上「地図にあって実在しない島」）。

たとえば、出入国管理令施行規則（昭和二六年外務省令第一八号、一九五一年一〇月三〇日公布）では、「本邦」の範囲から除外される島として、⑴「千島列島（珸瑶瑁《ごようまい》諸島［歯舞群島のこと］を含む）」、⑵「小笠原諸島、硫黄列島、大東島諸島、沖鳥島、南鳥島及び中鳥島」、⑶「竹の島」、⑷「北緯三十度以南の南西諸島（口の島を含む）」を挙げている（表記は原文のママ）。同様に、条文中に中ノ鳥島を含む法令は、一九四七〜五二年（昭和二二〜二七）の間に、政令五、府・省令三五、規則一を数える（官報情報検索サービス https://search.npb.go.jp/による）。

もちろん、その後の法令の改廃によって、こうした文言はほとんどが消されてしまったのであるが、唯一、「朝鮮総督府交通局共済組合の本邦内にある財産の整理に関する政令の施行に関する総理府令」（昭和二六年総理府令第二四号、一九五一年六月六日公布、一九六〇年七月八日最終改正）のみは、二〇一〇年一〇月現在も有効とされている。すなわち、この府令の第二条では、「本邦」から除外される島々として、(1)「千島列島、歯舞群島(水晶、勇留、秋勇留、志発及び多楽島を含む)及び色丹島」、(2)「小笠原諸島及び硫黄列島」、(3)「鬱陵島、竹の島及び済州島」、(4)「北緯三十度以南の南西諸島(琉球列島を除く)」、(5)「大東諸島、沖の鳥島、南鳥島及び中の鳥島」を挙げているのである。

## 講和条約以後

サンフランシスコ講和条約(一九五一年九月調印・一九五二年四月発効)によって、日本は再独立を果たす。日本は、同条約第二条において朝鮮・台湾・澎湖《ペスカドーレス》諸島・千島《クリル》列島・樺太《サハリン》・南洋群島委任統治領・南極・新南《スプラトリー》群島・西沙《パラセル》群島の領有権を放棄し、また、第三条において、北緯二九度以南の南西諸島(琉球諸島・大東諸島を含む)、孀婦岩より南の南方諸島(小笠原《ボニン》群島・西之島《ロザリオ》・火山《ヴォルケイノ》列島を含む)・沖の鳥島《パレセベラ》・南鳥島《マーカス》をアメリカの占領下に置くことを認めた。その後、一九五三年に奄美諸島、一九六八年に南方諸島(小笠原諸島)、一九七二年に旧沖縄県全域がアメリカから日本に返還されている。

また、南洋群島は一九四七年から国際連合信託統治領太平洋諸島としてアメリカが統治することになった。その後に四分割され、一九八六年にマーシャル諸島共和国とミクロネシア連邦、一九九四年にパラオ共和国が独立。マリアナ諸島のみは自治領(北マリアナ諸島コモンウェルス、一九八六年成立)としてアメリカの統治下に残ることになった。

## ロス・ジャルディン諸島の〝消滅〟

北太平洋で最後まで生き残った疑存島であるロス・ジャルディン諸島は、一九七二年（昭和四七）一一月一八日付の水路通報四七年一六四五項により、ついに日本の海図から削除された。

北太平洋西部――Los Jardines Is.　小島不存在
Los Jardines Is.（21°37′N., 151°31′E. 概位）は存在しない。
注意　海図上、上記位置に図載の小島（2個）を付記の名称、"(E.D.)"および記事とともに削除する。

本来ならとっくに消されているべきであるが、海図の改版作業が進むまで放置されていたらしい。翌一九七三年（昭和四八）、日本の水路部からの通知に基づき、国際水路局（IHB）は、この島を公式に、かつ最終的に海図上から削除した。サアベドラの〝発見〟からじつに四四四年後のことであった。

## 二〇〇海里時代の幕開け

先述したように、二〇〇海里経済水域の設置が問題になり、ごく小さな島にまで注目が集まるようになるのは、一九七〇年代以降のことである。一九七一年には、中国と台湾が、それぞれ公式に釣魚島（尖閣諸島）の領有権を主張しはじめている。

たまたま、一九七三年ごろから南硫黄島とマリアナ諸島との間にある海底火山の活動が活発化し、一九七四年三月には福神岡ノ場（福神海山）が水深三メートルまで成長している、という報告がなされた。さらに、一九七七年一月には、羽田からグアムに向かっていた日本航空の旅客機が、日吉沖ノ場（南日吉海山）で大規模な変色水が発生しているのを目撃している。このときは日米両国や、さらにソ連までが観測船を派遣してきている。新島が出現したとすれば、先に発見したほうが先占出来る可能性が高く、そうなれば領海や経済水域が大きく拡大する、という期待に基づくものであった（『朝日新聞』一九七五年五月一四日、一九七七年一月一一日、他）。しかし、いまだに新島は出現していない。

なお、一九七七年以後の大蔵省による調査で、「人の住む島から十二カイリ以遠にある無人の島、岩礁」が二三六島（北方領土・竹島を除く）存在し、そのうち一六九島が地権者不明であることが判明する。この中には、須美寿《すみす》島、ベヨネース列岩、孀婦岩、西之島、長崎県の男女群島、鹿児島県の宇治・草垣群島などが含まれていた。孀婦岩のように物理的に居住不可能なものから、草垣群島のように遺跡が発見されているものまでさまざまであるが、いずれにせよ、定住者がいないために誰も地権を確保しようとしなかったらしい。このままではこの島々は無主地と見なされる恐れがある、として、大蔵省は国有地としての登記作業を行うとともに、一部の島については国有地であることを示す御影石製の標柱を設置した（『読売新聞』一九八二年五月七日夕刊）。

それにしても、いったい、中ノ鳥島は法的にはどういうことになっているのか。

## 「現在確認されておりません」

一九九八年（平成一〇）一月、参議院常任委員会の改組により総務委員会が新設された。同委員会の所管事項には領土問題も含まれていた。四月七日、同委員会において、日本共産党の吉岡吉典委員は、領土問題について曖昧なところがあるべきではない、という立場から、中ノ鳥島の存在について取り上げ、領土編入を定めた閣議決定が「一体いつどういう手続でどういうふうに処理されたか」、「対外的に日本領だと言っていた島をどういう処理をしたのか」と質問している。これに対して村岡兼造《かねぞう》内閣官房長官は、「中ノ鳥島の存在は現在確認されておりません」と認め、さらに次のように答弁している。

本件については、相当昔からのことであり、また関係部局も多岐にわたるため、直ちに事実関係などを確認することは困難でございますが、……私もこの空気の中に、この辺に何かあるかといったって、ないというものをまだ閣議決定であると、こういう状況で、方々の先生から質問が出まして、政府部内の有識者に、ここに何かあるよと、こう見たって何もないよというのを閣議決定していておかしいじゃないかと、こうお聞きしましたけれども、なかなかきのう、きょうの話ではございませんので、今後こういう問題等も検討してまいりたいと思います。
早い話が、「よくわからない」ということらしい。

# 〝山師〟たちの夢のあと——エピローグ

それにしても、山田禎三郎による中ノ鳥島についての報告や、安田・小林によるアブレオジョス島についての報告は、いったい何だったのだろうか。

## 中ノ鳥島とアブレオジョス島

この二島が実在しないことについては、疑問の余地はない。周辺海域の水深が数千メートル以上であるということは、過去、少なくとも数万年間にわたって、この海域に島らしきものは存在していなかったことを意味している。

また、誤認ということもありえない。海図上のガンジス島についてであれば、鳥島ないし孀婦岩の経度を誤認したとも考えられる。可能性は低いが、南鳥島の緯度誤認ということも考えられなくもない。しかし、山田はこの島に上陸調査を行ったと主張し、地図を作成している。その地図はどの島とも合わないし、鳥島と南鳥島は一九〇七年（明治四〇）当時は有人島であって、誤認できるはずがない。同様のことはアブレオジョス島についてもいえる。誤認候補が見当たらないのである。

したがって、ＳＦ的な可能性を除外すれば、現実的に考えうる可能性はただ一つだけである。すなわち、これらの報告は全くの作り話だということである。

だとすれば、山田報告の不自然な点についても説明がつく。おそらく報告の偽作者は、アホウドリの習性やグアノの堆積する条件をよく知らなかったのだろう。「カヤ樹」については、鳥島に草のカヤが生えている、という話を勘違いしたのではなかろうか。

とはいうものの、それでも疑問は残る。いったい何が動機だったのだろうか。

安田・小林については、提出のタイミングから見て、玉置商会が先に請求していたアブレオジョス島の借地権を横取りするのが狙いであったと考えられる。つまり、自分たちが先に島を開拓した、というもっともらしい話を作ってはみたものの、まさか島自体が存在しないとは思っていなかった、ということではないか。

山田についても同じようなことが考えられる。すなわち、島が実在するものと信じ込んだ山田が、島の開発権を獲得するために適当な話をでっちあげたのではないか。また、一部の新聞報道にある通り、山田が何者かから島の権利を買い取ったのだとすれば、山田は詐欺師に騙されて島の存在を信じ込んだ、ということも考えられる。

もちろん別の可能性もありうる。たとえば、山田自身が投資詐欺ないし権利転売を狙って発見話をでっちあげ、話をもっともらしくするために借地権や燐鉱試掘権の請求までしてみせた、ということもありうるだろう。いずれにせよ、何らかの詐欺的行為が疑われるところである。

むしろ問題は、よく確認もせず、届け出からわずか約三ヵ月で領有を宣言してしまった大日本帝国政府（第二次桂太郎内閣）にあるのかもしれない。架空の無人島発見報告は他にもいくつか事例があるが、実際に領有宣言にまで至ったのは中ノ鳥島だけである。

### 「無人島発見ニ関ス秘密陳情書」

たとえば一九一四年一二月一三日、神戸市の宮林美一郎という人物が、水路部に「無人島発見ニ対ス仮届」と「無人島発見ニ関ス秘密陳情書」を提出した（《海軍省公文備考》大正四年・巻一一五。JACAR C08020709700, C08020709800）。それによれば、彼は同年一一月に日本の南方海上で「宮林島」「南宮林島」「小沢島」「篁《たかむら》島」「釜子島」という五つの島を〝発見〟し、日本に所属するという標柱を建てたので、領土編入を求めたい、という。例によって宮林も、「漁業及《およ》ヒ鳥糞、進《すすみ》テハ燐鉱ノ経営ヲナサンコトヲ希望」しており、また、フランスやアメリカと手を組んでこれらの島々を占領しようとする動きがある、として、早急な領有権の確定を求めている。さらにその後、久保丸という帆船の船長が、このうちの二つに一致する島を目撃した、と水路部に報告してきた。久保丸は、一九一三年に北緯二三度四五分五秒・東経一二九度一〇分一五秒の地点に、周囲約三海里（約五・六キロ）、高さ約一〇〇フィート（約三〇メートル）の島（篁島）を目撃し、また、一九一四年六月には北緯二三度三〇分〇秒・東経一二六度五分三〇秒の地点に、周囲五海里（約九・三キロ）、高さ約一五〇フィート（約四六メートル）の島（小沢島）を目撃したという。水路部では、多少位置が異なるものの、篁島はイキマ島、小沢島はアブレオジョス島ではないかと推測している。また、南宮林島はパレセベラ礁（沖ノ鳥島）だと推定される。

この後、この話がどうなったのかは不明であるが、いずれにせよ、すべて作り話としか考えられない。五島のうち実在するのはパレセベラ礁だけであるが、実際に島を見た人間なら、開発可能だとはまず思わないだろう。

## 「世界列国で海洋を開拓する時代」

玉置半右衛門や水谷新六といった人々の島嶼開拓運動は、基本的にはアホウドリやグアノなどの資源確保による一獲千金を狙った、はっきり言ってしまえば山師的な動機に基づくものであった。彼等の行動は、結果的に大日本帝国の領土を拡大していったことになり、志賀重昂のような南進論者によって称賛されることになるが、最初からそれが目的だったわけではない。彼等にとって、領有権の確定は、あくまで島に対する権利を確定する上で必要な手続きの一つにすぎなかったのである。

いっぽうの領有権を確定する側の日本政府にしても、あまり事の重大さを意識していなかった節がある。南鳥島・沖大東島・竹島・中ノ鳥島の編入は、閣議決定によるものとはいえ、府県告示レベルでの編入であり、尖閣諸島にいたっては告示すらも出されていない。尖閣諸島と竹島については戦後に問題になるが、編入の時点ではそれぞれ台湾割譲、韓国併合の直前であり、長期的に問題になるとは考えられていなかったようである。その背景に、領土拡大を当然のこととする帝国主義的な風潮があったことは否《いな》めない。

しかし、たとえいい加減になされたものであったとしても、現在の国民国家を基盤とする国際社会が存続しつづける限り、その国境線は重大な意味を持つことになる。

志賀重昂は、南鳥島事件の際に次のようなことを語っている。

世界列国で海洋を開拓する時代が来掛《きかか》つて居《お》るのでありますから仮令《たとい》豆粒見たやうな島でも今日に於《おい》て取つておけば後に至つて非常の利益になる、夫《そ》れでコンナに騒立《さわぎた》つて南鳥島の問題が起つたのであります、（志賀「鳥島と南鳥島」）

確かにその後、資源ナショナリズムの動きは強まり、「豆粒見たやうな島」の価値はますます高まってきたように見える。果たして我々は志賀の炯眼《けいがん》を褒《ほ》めたたえるべきだろうか。それとも、いまだに我々の意識が、そのような狭いナショナリズムにとらわれていることを問題とすべきだろうか。

# あとがき

いささか私事にわたることをお許しいただきたい。

そもそも、私がまぼろしの島々に取り憑かれることになったきっかけは、一九八六年、小学四年生のときに遡る。たまたま、『ブリタニカ国際大百科事典』の別冊『ブリタニカ・スタディガイド』（ティビーエス・ブリタニカ、一九七五年）に収められていた、金澤敬「幻の金島・銀島」という、金銀島伝説についてのコラムを目にする機会があった。その中に、次の一文があったのである。

また、かつて発見された史実から長く日本海図上に記載された島々でも、その後確認されないため、グランパス島が明治年間に、最近では中ノ鳥島が一九四六（昭和二一）年にいずれも地図上から消えた。

かつて一度は発見されたにもかかわらず、再確認されないために地図から消された島が、それも比較的近年になってからも存在する、というのである。

もっとも、この短い記述だけでは、この二島が地図上のどのあたりにあったのか、ということすらわからない。詳しく調べようと思っても、そもそも、何をどう調べてよいのかもわからない（いまの小学生ならインターネットで検索するところだろうが、当時、そんな便利なものはなかった）。

一九九九年一月のこと。たまたま『島嶼大事典』（日外アソシエーツ、一九九一年）を見ていて、「中ノ鳥島」が記載されていることに気づいた。それによれば、この島は一九〇七年に山田禎三郎が〝発見〟し、翌年に日本領に編入されたのだという。〝発見〟の時期がわかったので、関連する記事が何か載っているのではないか、と思って『明治ニュース事典』（毎日コミュニケーションズ、一九八三〜八六年）を調べてみると、幸い、山田の「発見届」が紹介された、一九〇八年五月六日付『読売新聞』の記事が収録されていた。しかし、この記事を見つけたことで、かえって疑問が深まった。本論でも記したように、その内容が不自然で、作り話としか思えなかったからである。

同年四月に大学院に進学してからは、自らの研究を進めるついでに、なかば趣味として、こうしたまぼろしの島々についての調査を進めた。そして、その調査レポートを、自らの個人ウェブサイト「望夢楼」に、「幻想諸島航海記」と題して書き始めた。当初は、単なる海洋奇譚以上のものではないだろう、というくらいに思っていたのだが、調べてみると、次々に意外な事実が浮かび上がってきた。

「幻想諸島航海記」は幸いにも好評を得ることができ、おかげさまで中ノ鳥島もすっかり有名になったのだが、いささか反省させられたこともある。中ノ鳥島のことを、南鳥島よりもわずかに東にある、という理由で、あまり深い考えもなしに「海図から消された日本最東端の孤島」と紹介してしまったのである。実際には、一八七五年から一九四五年までの間、日本領の最東端は千島列島東端の占守島《シユムシユ》（東経一五六度）であり、したがって中ノ鳥島が歴史的に最東端であったことはない。

中ノ鳥島については、以前に『中央公論』誌に短い記事を書かせていただいたことがある（「幻の日本領・中ノ鳥島をめぐるミステリー——その〝発見〟から〝消滅〟まで」第一一九年第一〇号、二〇〇四年一〇月）。ただ、本にまとめないかという話はこれまでにも何度かあったのだが、なかなか機会を得られずにいた。今回、吉川弘文館のご好意により、一冊の本としてまとめる機会を与えていただいたことに深く感謝したい。

幸い、近年の電子アーカイヴの急速な発達により、以前ならまず見ることのできなかったような内外の古い文献を、家に居ながら無料で閲覧できるようになったことは、本書執筆にあたって大きな手助けとなった。

そういうわけで、本書は、私自身が四半世紀前に読みたかった本、というつもりで書いてみたものなのである。四半世紀前の自分だったらどういう感想をいだいたか、ということまでは、ちょっと想像がつきかねるけれども……。

もっとも、確認しきれなかった点、紙幅の都合と筆者の能力不足のために書ききれなかった点も少なくない。また、事実関係には極力注意したつもりであるが、なお誤りが残っているかもしれない。そうした点についてはご寛恕を乞うとともに、なにかご存知の点があればご教示を乞う次第である。

本書は明治期日本人の南方関与の歴史のような形となったが、じつのところ、最初からこのような形でまとめることを意図していたわけではない。当初は、日本近海の幻の島列伝、といった形でまとめようとしたのだが、登場する人物や実在・架空の島々などが複雑に錯綜しているため、それぞれを切り離してしまうとかえってやりにくい。そのため、なるべく時間的な順序に沿う形で話をまとめてみたのである。

本書の登場人物たちについては様々な捉え方があるだろうが、私としては、彼等をロマンティックな冒険家として称えたり、あるいは、領土拡大の功績者、などという筋違いの評価をしたりする気にはなれない。「南洋探検」や「幻の島」などといったフレーズにロマンを感じる方には――私自身そうだし、だからこそこうした本を書いているわけであるが――いささかきつい言い方かもしれないが、探検のロマンと帝国主義的な欲望との差は紙一重にすぎない。それに、彼等がアホウドリをはじめとする多くの野生生物に壊滅的な打撃を与えたのも、まぎれもない事実である。ただ、私としては、半ば忘れ去られてしまった彼等の存在を、あらためて歴史の中に位置づけてみたかったのである。

なお、本書では尖閣諸島／釣魚島やリャンクール列岩（竹島／独島）についてはごく簡単に触れるだけにとどめたが、こうした問題を考えるにあたって、南鳥島や沖大東島、中ノ鳥島などの事例との比較はぜひとも必要なのではないかと思う。

本書をまとめるにあたっては、多くの文書館・図書館のお世話になりました。国立公文書館、東京都公文書館、外務省外交史料館、国立国会図書館、東京都立中央図書館、千葉県立中央図書館、千葉市中央図書館、千葉大学附属図書館、筑波大学附属図書館、東京大学附属図書館、東京海洋大学附属図書館、日本貿易振興機構アジア経済研究所図書館、財団法人三康文化研究所附属三康図書館に、まとめて感謝申し上げます。さらに、海上保安庁海洋情報部「海の相談室」には、『軍機水路告示』の内容を提供していただきました。桑名市博物館の大塚由良美氏からは、水谷新六関係史料についての照会に快くご返答をいただきました。地図の作成には、佐藤善幸氏作のシェアウェア「ＰＴＯＬＥＭＹ」を使用させていただきました。付して感謝を申し上げます。

そして、「幻想諸島航海記」に様々な感想や意見・情報を直接・間接に寄せていただいた数多くの方々にも、まとめて感謝を申し上げます。

本書を、二重にも三重にも——鉱山採掘業者という意味でも、投機師という意味でも、さらに詐欺師という意味でも——「山師」的な、〝南洋探検家〟たちに捧げたいと思う。

……ご当人たちにとって、そんな評価は不本意かもしれないけれども。

二〇一一年二月

長谷川亮一

# 参考文献（本文で挙げたものは省略した）


Bartholomew, J. G.（direction）［1922］*The Times Survey Atlas of the World,* London: The Times.

Bryan, G. S.,［1940］"Los Jardines,（E.D.）," *United States Naval Institute Proceedings,* Vol. 66, No. 4.

Burney, James［1803–17］*A Chronological History of the Discoveries in the South Sea or Pacific Ocean,* Vol. I–V, London: G. & W. Nicol.

Colnett, James［1940］F. W. Howay（ed.）, *The Journal of Captain James Colnett aboard the Argonaut from April 26, 1789 to November 3, 1791,* Tronto: The Champlain Society.

Dahlgren, E. W.［1916］"Were the Hawaiian Islands visited by the Spaniards before their discovery by Captain Cook in 1778?: A Contribution to the Geographical History of the North Pacific Ocean Especially of the Relations between America and Asia in the Spanish Period," *Kungl. Svenska vetenskapsakademiens Handlingar,* Band 57, №. 4, Stockholm: Almqvist & Wiksells.

Findray, Alexander George［1870, 1886］*A Directory for the Navigation of the North Pacific Ocean*, 2nd ed., London: Richard Holmes Laurie, 1870. 3rd ed.,1886.

Galvano, Antonio［1862］*The Discoveries of the World, from Their First Original unto the Year of Our Lord 1555,* London: Hakluyt Society.

Gilbert, Thomas［1789］*Voyage from New South Wales to Canton, in the year 1788, With views of the islands discovered,* London: J. Debrett.

Jarrad, Frederick W. (comp.)［1884］*The China Sea Directory, Vol. IV,* 2nd ed., London: J. D. Potter.

King, John W. (comp.)［1861］*The China Pilot*, 3rd ed., London: J. D. Potter.

Meares, John［1790］*Voyages made in the years 1788 and 1789, from China to the north west coast of America*, London: printed at the Logographic Press; and sold by J. Walter.

Rosser, W. H.［1870］*North Pacific Pilot: Part II,* London: James Imray and Son.

Sharp, Andrew［1960］*The Discovery of the Pacific Islands,* Oxford: Clarendon Press.

Stommel, Henry［1984］*Lost Islands: The Story of Islands That Have Vanished from Nautical Charts,* Vancouver: The University of British Columbia Press.

Welsch, Bernhard［2004］"Was Marcus Island discovered by Bernardo de la Torre in 1543?," *The Journal of Pacific History,* Vol. 39, Iss. 1.

入江寅次（一九四三）『明治南進史稿』井田書店

浦野起央（二〇〇五）『【増補版】尖閣諸島・琉球・中国【分析・資料・文献】――日中国際関係史』三和書籍

奥須磨子（一九九三）「海を渡った日本産羽毛」羽毛文化史研究会編『羽毛と寝具のはなし――その歴史と文化』日本経済評論社、所収

小坂丈予（一九九一）『日本近海における海底火山の噴火』東海大学出版会

海上保安庁水路部編（一九七一）『日本水路史――一八七一～一九七一』日本水路協会

加藤直士（一九一一）『小林富次郎伝』警醒社書店
河東田経清編（一九一七）『横尾東作翁伝』河東田経清
金平亮三（一九一六）「南洋占領諸島と我国との交通」『南洋協会々報』第二巻第一号
木村和男（二〇〇七）『北太平洋の「発見」——毛皮交易とアメリカ太平洋岸の分割』山川出版社
沓名景義＋坂戸直輝（一九九六）『新訂 海図の知識 改訂版』成山堂書店
小瀬佳太郎（一九〇三）「大東島探検記事」『地学雑誌』第一五輯第一七七〜一七八巻
小葉田淳（一九四三）『日本と金銀島』創元社
太壽堂鼎（一九九八）『領土帰属の国際法』東信堂
竹下源之介（一九四三）「南鳥島占領秘話——米の野望砕いた水谷新六」『週刊朝日』第四四巻第一一号（一九四三年九月一二日）
田中弘之（一九九七）『幕末の小笠原——欧米の捕鯨船で栄えた緑の島』（中公新書）中央公論社
手塚 豊（一九六三）「南鳥島先占前後の一考察」『法学研究』第三六巻第一号
東京鉱山監督署（一九一〇）『東京鉱山監督署 鉱業概覧 第一次（明治四十二年）』東京鉱山監督署
東京鉱山監督署編（一九一二〜四一）『東京鉱山監督署管内鉱区一覧』東京鉱山監督署。一九一三〜二四年版は「東京鉱務署」、一九二五年版以降は「東京鉱山監督局」名義
内藤正中＋朴炳渉（二〇〇七）『竹島＝独島論争——歴史資料から考える』新幹社
平岡昭利（一九九二）「沖大東島（ラサ島）の領土の確定と燐鉱採掘」『長崎県立大学論集』第二五巻第三・四号

平岡昭利（二〇〇三）「南鳥島の領有と経営――アホウドリから鳥糞、リン鉱採取へ」『歴史地理学』第四五巻第四号
平岡昭利（二〇〇八）「アホウドリと「帝国」日本の拡大」『地理空間』第一巻第一号
福永彦又（一九五五）『海図の見方』天然社
船渡政助（一九三五）「四十年前の南洋貿易」『南洋群島』第一巻第二号
水谷新六（一九一五）「無人島に二十三日間漂流」『日本少年』第一〇巻第一三号
水谷新六（一九一六）「死を決して太平洋をボートで乗切る」『日本少年』第一一巻第一号
南大東村誌編集委員会編（一九九〇）『南大東村誌（改訂）』南大東村役場
望月雅彦（一九九二）「玉置半右衛門と鳥島開拓――明治期邦人の南洋進出の立場から」『南島史学』第四〇号
百瀬　孝（二〇一〇）『史料検証　日本の領土』河出書房新社
山方石之助編（一九〇六）『小笠原島志』東陽堂
山口洋兒編著（二〇〇〇）『日本統治下ミクロネシア文献目録』風響社
山下太郎（一九三九）「東沙島の沿革」『台湾時報』第二三九～二四〇号
山下太郎（一九四〇）「プラタス島の西沢氏後日譚」『台湾時報』第二四三号
吉岡吉典（一九九六）『日本の侵略と膨張』新日本出版社
『季刊　沖縄』第六三号「特集　尖閣列島第二集　資料編」（一九七二）

## 著者紹介

一九七七年、千葉県に生まれる
一九九九年、千葉大学文学部史学科卒業
二〇〇七年、千葉大学大学院社会文化科学研究科修了、博士（文学）
現在、東邦大学薬学部非常勤講師・千葉大学普遍教育センター非常勤講師・千葉大学大学院人文社会科学研究科特別研究員

主要著書
「皇国史観」という問題——十五年戦争期における文部省の修史事業と思想統制政策

歴史文化ライブラリー
322

地図から消えた島々
幻の日本領と南洋探検家たち

二〇一一年（平成二十三）六月一日　第一刷発行

著　者　長《は》谷《せ》川《がわ》亮《りょう》一《いち》
発行者　前田求恭
発行所　株式会社 吉川弘文館
東京都文京区本郷七丁目二番八号
郵便番号一一三—〇〇三三
電話〇三—三八一三—九一五一〈代表〉
振替口座〇〇一〇〇—五—二四四
http://www.yoshikawa-k.co.jp/
印刷＝株式会社 平文社
製本＝ナショナル製本協同組合
装幀＝清水良洋・黒瀬章夫


ISBN978-4-642-05722-6

歴史文化ライブラリー

1996.10

---

## 刊行のことば

現今の日本および国際社会は、さまざまな面で大変動の時代を迎えておりますが、近づきつつある二十一世紀は人類史の到達点として、物質的な繁栄のみならず文化や自然・社会環境を謳歌できる平和な社会でなければなりません。しかしながら高度成長・技術革新にともなう急激な変貌は「自己本位な刹那主義」の風潮を生みだし、先人が築いてきた歴史や文化に学ぶ余裕もなく、いまだ明るい人類の将来が展望できていないようにも見えます。このような状況を踏まえ、よりよい二十一世紀社会を築くために、人類誕生から現在に至る「人類の遺産・教訓」としてのあらゆる分野の歴史と文化を「歴史文化ライブラリー」として刊行することといたしました。

小社は、安政四年（一八五七）の創業以来、一貫して歴史学を中心とした専門出版社として書籍を刊行しつづけてまいりました。その経験を生かし、学問成果にもとづいた本叢書を刊行し社会的要請に応えて行きたいと考えております。

現代は、マスメディアが発達した高度情報化社会といわれますが、私どもはあくまでも活字を主体とした出版こそ、ものの本質を考える基礎と信じ、本叢書をとおして社会に訴えてまいりたいと思います。これから生まれでる一冊一冊が、それぞれの読者を知的冒険の旅へと誘い、希望に満ちた人類の未来を構築する糧となれば幸いです。

吉川弘文館

## 歴史文化ライブラリー

### 近・現代史

# 歴史文化ライブラリー

「国民歌」を唱和した時代 昭和の大衆歌謡 ―― 戸ノ下達也
特務機関の謀略 諜報とインパール作戦 ―― 山本武利
〈いのち〉をめぐる近代史 堕胎から人工妊娠中絶へ ―― 岩田重則
戦争とハンセン病 ―― 藤野 豊
皇軍慰安所とおんなたち ―― 峯岸賢太郎
日米決戦下の格差と平等 銃後信州の食糧・疎開 ―― 板垣邦子
敵国人抑留 戦時下の外国民間人 ―― 小宮まゆみ
銃後の社会史 戦死者と遺族 ―― 一ノ瀬俊也
国民学校 皇国の道 ―― 戸田金一
学徒出陣 戦争と青春 ―― 蜷川壽惠
〈近代沖縄〉の知識人 島袋全発の軌跡 ―― 屋嘉比 収
沖縄戦 強制された「集団自決」 ―― 林 博史
太平洋戦争と歴史学 ―― 阿部 猛
スガモプリズン 戦犯たちの平和運動 ―― 内海愛子
戦後政治と自衛隊 ―― 佐道明広
紙 芝 居 街角のメディア ―― 山本武利
団塊世代の同時代史 ―― 天沼 香
闘う女性の20世紀 地域社会と生き方の視点から ―― 伊藤康子
女性史と出会う ―― 総合女性史研究会編
丸山真男の思想史学 ―― 板垣哲夫
文化財報道と新聞記者 ―― 中村俊介

## 世界史

秦の始皇帝 伝説と史実のはざま ―― 鶴間和幸
渤《ぼっ》海《かい》国興亡史 ―― 濱田耕策
黄金の島 ジパング伝説 ―― 宮崎正勝
琉球と中国 忘れられた冊封使 ―― 原田禹雄
アジアのなかの琉球王国 ―― 高良倉吉
王宮炎上 アレクサンドロス大王とペルセポリス ―― 森谷公俊
魔女裁判 魔術と民衆のドイツ史 ―― 牟田和男
フランスの中世社会 王と貴族たちの軌跡 ―― 渡辺節夫
古代インド文明の謎 ―― 堀 晄
スカルノ インドネシア「建国の父」と日本 ―― 後藤乾一・山﨑 功
ヒトラーのニュルンベルク 第三帝国の光と闇 ―― 芝 健介
人権の思想史 ―― 浜林正夫
グローバル時代の世界史の読み方 ―― 宮崎正勝

各冊一七八五円～一九九五円（各5％の税込）

▽残部僅少の書目も掲載してあります。品切の節はご容赦下さい。